娘と映画をみて話す

民族問題ってなに?

山中速人 著

現代企画室

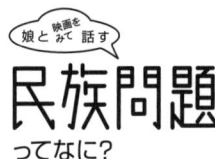

プロローグ
ナニの帰省とケガの顛末、
あるいは、なぜナニがおとうさんと映画鑑賞をすることになったかの理由について

六月のホノルルは、夏至近い太陽が真っ青な空に映える。澄み切った大気を突き抜けて照りつける光がまぶしい。しかし、太平洋を渡ってくる貿易風がココヤシの葉をさらさらとかき撫で、心地よい涼気を運んでくれる。ハワイがもっともハワイらしくなる季節がやってきた。

パールハーバー*の東にあって、太平洋に突きだしたホノルル空港は、日本からの新婚旅行のカップルであふれていた。出迎えの女性たちから首にレイを掛けてもらって幸せそうなカップルたち。その脇をすり抜けるように、ナニは、日本行きのチケットを握りしめ、大きなスーツケースをゴロゴロと引っ張りながら走っていた。ファイナル*もようやく終わり、今日から夏休み。今年こそ日本に帰って、首を長くして待っている家族のもとで思いっきり羽を伸ばさなきゃ。

それにしても、急がなくちゃ。昨夜、ホストファミリーのミトさん一家のパーティで、ミセス・ミトから家族へのおみやげにと手渡されたドライマンゴー*の

パールハーバー
ハワイ州オアフ島にある、アメリカ軍太平洋艦隊の基地がある太平洋最大の軍港。一九四一年一二月七日、日本がこの基地を奇襲して太平洋戦争が勃発した。

ファイナル（final exam.）
期末試験のこと。アメリカの高校だって期末試験は厳しい。

ドライマンゴー
(dry mango)
乾燥させたマンゴーの実。甘くて美味しい。

包みをうっかり部屋に忘れてしまったナニは、ミトさんの息子のアーサーが、空港に向かうフリーウエイにご自慢のレクサスを滑り込ませた後になって、「おねがい戻って、肝心のマンゴー忘れちゃった」と強引に下宿先のマノア*の家まで引き返したのだった。それで、すっかり遅刻。いつもぎりぎりタッチセーフの人生。それがナニの宿命だなんて思いたくないけれど、結局、いつもこうなってしまう。

ナニはハワイで生まれた。ナニというのは、美しいという意味のハワイ語。何かにつけてひとひねりしたがるおとうさんが付けてくれた。でもナニが生まれたすぐ後、家族は日本に戻り、ナニは日本で育った。そして、今、アメリカの高校で勉強している。日本で中学に進学したあと、学校になじめず不登校になった。そのいきさつを今話している時間はないけれど、いろいろ家族のドタバタをへて、もうこれ以外に行く先はないというぎりぎりの決断で、十三歳、中学二年生のとき、ハワイに単身留学したのだ。「まるで『魔女の宅急便』のキ

*マノア（Manoa）
ワイキキの北に位置する谷。住宅街として開けていて、ハワイ大学もここにある。

キみたいだ」なんておとうさんは気軽にいうけど、これでも大変な苦労をして、今までサヴァイブ（生き残り）してきたんだから。

アメリカは親の国籍に関係なく、アメリカ国内で生まれた子どもには、市民権*、つまり国籍を無条件にあたえる法律をもっている国。そして、日本は、親の国籍が日本ならどこで生まれようと日本国籍を与える法律をもっている。だから、ナニは、アメリカと日本の両方の国籍をもっている。

でも、ナニ自身としては、自分がナニジンなのか決めかねている。だって、夏休みで日本に戻ってくるときには、日本のパスポートで入国するし、新学期が始まってアメリカに戻るときは、アメリカのパスポートで入国するんだもの。だから、ナニは、アメリカ人、それとも日本人、それとも両方、いやどちらでもないの？

ホストファザーのミスター・ミトは、もう八〇歳を越える日系人二世。第二次世界大戦*のときは、日系人二世部隊*に入隊し、ヨーロッパ戦線でドイツ軍と

市民権（Civil Rights）
その国の市民だと認められる権利のこと。国籍と同じ意味で使われることが多い。

第二次世界大戦
（World War II）
一九三九年九月一日にドイツ軍のポーランド侵攻で始まり、一九四五年九月二日に日本の降伏で終わった戦争。世界の主要な国々が連合国と枢軸国に分かれて戦った人類史上最大の戦争。日本は枢軸国の一員としてドイツ、イタリアと同盟して、連合国軍に負けた。

戦い、アメリカ政府から勲章を授与されている。だから、ミスター・ミトは日本人の両親から生まれたけれど、誇り高い根っからのアメリカ人。だと、そうずっと思ってきたんだけれど、最近、ナニは、ミスター・ミトが、まだ戦前からの日本国籍をキープしていることを知ってびっくり。人間の考えることの奥は深い！なんて感心してしまったんだ。

　いや、そんなことはとりあえずどうでもいい。とにかく、飛行機の時間が迫っている。チェックインが間に合わない。必死に走るっきゃないぞ、がんばれナニ。と自分に言い聞かせて、ホノルル空港のアルファベット順に並んだ長い長いチェックインロビーをナニは走りに走った。

　やっとのことでナニが搭乗する航空会社のチェックイン・カウンターが目の前に迫ったとき、行列に並んでいた日本人観光客の買ったパイナップルの大きな段ボールケースが左足に引っかかった。

「わっ！」

日系人二世部隊
アメリカ国籍をもつ日系人二世によって組織された部隊。歩兵第百大隊と歩兵第四四二連隊がある。ヨーロッパに送られて、未曾有の勲功を立てたけれど犠牲も多かった。「目の前のドイツ軍とアメリカ国内の偏見というふたつの敵と戦って勝利した」といわれた。

自分が引きずってきた大きなスーツケースごと、ナニは、チェックイン・カウンター横の金属製の荷物台にもののみごとに激突してしまった。

右脚に激痛が走った。荷物台の縁に思いっきり右脚のスネをぶつけてしまったのだ。周りにいた航空会社のグランドクルー*も、観光客も、みんなあっけにとられてナニの方を見た。

ナニは、激痛が治まらない右脚を引きずり、べそをかきながらも照れ笑いを浮かべて、おもむろに自分のチケットをグランドクルーに差し出した。右脚はきっととんでもないことになっていそう。でも、ここでレスキューを呼んだりすれば、もうこの夏は日本に帰れないかも。こうなったら、絶対に日本行きの飛行機に乗るしかない。そうナニは心に決めた。そして、そのあと、日本の空港に着陸するまで、八時間もの長い空の旅をだんだんと不気味に腫れ上がってくる右脚を抱えながら耐えた。

日本の空港に着いたとき、ナニの右脚は、もう自分の脚とは思えないほど、

グランドクルー
(ground crew)
空港で働く航空会社の地上勤務員。イギリス英語ではグランドスタッフ(ground staff)ともいう。

パンパンに膨らんでいた。飛行機のドアの外に車いすの出迎えを受け、税関のゲートをくぐったときは、もう照れ笑いをする余裕もなくなっていた。ナニは、ゲートの外で心配そうに待つ父親の腕の中に泣きながら崩れ落ちていった。

……

右脚はギブスでしっかりと覆われている。しばらくこのまま動けない。だって、脚の骨にひびが入ってしまったから。お医者さんは、最初の一週間安静にしていたら、後は、ギブスをつけていても松葉杖を使ってあちこち出歩ける、といってくれた。ま、仕方がないか、一週間の辛抱。

久しぶりに自分の部屋のベッドに横になって、テレビを見たり、雑誌を読んだりしよう。それもまあいいかも。そうナニは気持ちを切り替えるように努めた。テレビのリモコンをいじって、ＭＴＶ*とかをチェックしたりしているところ

ＭＴＶ　一九八三年にニューヨークで始まった音楽専門放送チャンネルで、その後、世界中に広まった。現在は一六八チャンネルもある。日本のはMTV Japan。

へ、おとうさんが入ってきていった。可哀想なナニのために、毎日、映画のDVDやビデオをおとうさんが選んで見せてあげようかって。へえ、なかなかいいとこあるじゃん、とナニは思ったけれど、すぐに待てよと思い直した。きっと、何かたくらみがあるに違いない。ナニにお勉強させようとしてるんじゃないか。だっておとうさんは、「ビデオを観て大学の勉強ができる」なんて本*を書いたりしているくせ者だから。要注意。

しかし、そう思いはしたものの、テレビばっかり見ていても退屈だし、まあ、おとうさんのたくらみに騙された振りをして、付き合ってあげてもいいかなと別の気持ちも起こってきた。おとうさんは以前からナニに、世界の民族が直面する現状についてもっと知らなきゃいけないってまじめにいってた。だから、きっと、そういうテーマの映画に違いない。まあいいか。実は、ナニもハワイに留学して、いろいろな民族の人たちと付き合うようになって、おとうさんのいうとおりだと考えていたから。それに、七日間たてば、あとは、ベッドから

「ビデオを観て大学の勉強ができる」なんて本　山中速人編『ビデオで社会学しませんか』有斐閣、一九九三年などもそのひとつ。

脱出できるんだから。それまでの暇つぶしと考えれば、なかなか悪くないイベントじゃんか。ナニは、そう独り言をいって、おとうさんの申し出にコクリとうなずいた。

こうして、ナニとおとうさんの七夜連続の映画観賞会が始まった。

第一夜
「極北のナヌーク」をみて話す
異民族との最初の出会い（ファースト・コンタクト）

「極北の怪異（極北のナヌーク）」
一九二二年、アメリカ映画、監督ロバート・フラハティ　DVD発売元：アイ・ヴィー・シー
価格：三九九〇円

おとうさんが最初にもってきたのは、「極北のナヌーク」というすごく昔の映画のDVDだった。もともとは音がついていない、映像だけのサイレント・ムービーといわれる映画。ナニは、こういう古い映画を観るのが苦手だ。だって、音のない画面を見つめていると、だんだん眠くなってくるから。でも、そういう観客に気をつかったのか、DVDになったこの映画には、BGMがつけられていたから、ナニは、なんとか観続けることができた。それにしても、ふだんなら絶対にこんなビデオなんか観ないと、ナニは思った。映画は、北極近くのすっごく寒い氷の世界で暮らす先住民族たちの生活を撮影した記録映画だった。

ナヌークというのは、この映画の主人公の名前なんだけれど、かれは、かつてエスキモー*と呼ばれ、今は、カナダではイヌイットと呼ばれている、北極圏に暮らす先住民族の男なんだ。

イヌイットとは、アラスカ、シベリア、カナダの北極海沿岸、それにグリー

*エスキモー
北極圏のシベリア極東部、カナダ北部、アラスカ、グリーンランドなどのツンドラ地帯に住む先住民族全体の呼び名。カナダではイヌイットと呼び替えられている。

ンランドなどの北極圏のツンドラ地帯に暮らす先住民族をまとめて呼ぶときにつかわれる言い方なんだ。昔はエスキモーと呼んでいたんだけれど、エスキモーには「生肉を食べる人びと」という意味があって差別的だということでカナダでは、イヌイットと呼び替えることになった。で、日本でも、その言い方にならってイヌイットという言い方が広がりつつあるんだよ。でも、イヌイットは、もともとは北極圏に住む民族のなかで一番人口の多い先住民族であるイヌイトのことだから、イヌイットという表現を使うと、北極圏に住むほかの数の少ない民族のことを無視することになるから、まだエスキモーの方がましという人たちもいて、ちょっとややこしいことになってるんだ。まあ、こういうときは、その場その場で、呼ばれる当人が気に入った呼び方で呼んであげるのが一番良いんだと思う。でも、今ここに当人がいるわけじゃないので、おとうさんは、とりあえず仮にイヌイットと呼ぶことにしておこう。

イヌイットたちは、冬には雪や氷で作ったイグルーという家に住み、海ではカヤック、氷の上では犬ぞりを乗りこなして、海に棲むけものや魚を採って生活している人びとだった。今では、生活もずいぶんと変化してしまっているんだけれど、とにかく現在、およそ九万人、カナダだけでも約一万二千人のイヌイットたちが暮らしているんだ。

この映画を撮った監督は、ロバート・フラハティ*というミシガン州生まれのアイルランド系アメリカ人だった。学校では鉱山学を勉強し、測量技師や漁師などの仕事をしながら冒険家としても有名だった。しかし、かれの名前を一躍有名にしたのが、この映画だったんだ。この映画を撮影するために、フラハティは、北極圏に位置するカナダのハドソン湾付近でイヌイットたちと生活をともにしながら、カメラを回したんだ。フラハティは、撮影したフィルムの現像も現地でやった。だから実際のフィルムをよく見ると、ソリを引く犬たちの毛が現像ムラとなって映り込んでいるんだそうだ。ＤＶＤの

ロバート・フラハティ
(Robert J. Flaherty)
一八八四〜一九五一年。アメリカ合衆国ミシガン州生まれ。ドキュメンタリーの父と呼ばれる映画監督。

映像じゃとうていわからないけれど。

　フラハティがこの映画を通して、訴えたかったことは、厳しい自然の中で暮らす人びとの尊厳だとおとうさんは思う。文明世界で生活する人びとに比べれば、ナヌークとその家族たちは、学校教育を受けているわけじゃないから、文字を書くこともできないし、複雑な方程式が解けるわけでもない。しかし、厳しい自然の中で培われた生活の知恵や自然に対する敬虔な態度は、けっしてヨーロッパやアメリカの文明人にひけをとるものではないと、フラハティは考えたんだろうね。

　でも、フラハティの視線は、あくまでナヌークとその家族の外側にある。外側からかれらの生活をみつめて、自分たち白人の文明人たちとは違うものとして描いている。映画の途中で、蓄音機にかかっているレコードを、ナヌークがなんだろうと不思議に思って、かじるショットが挿入されているよね。ひょっとして食べるものかなと想像したのかもしれない。それをフラハティは、興味深く撮影している。

ええ？　ナニは蓄音機もレコードも知らないのかい！　そうか、ナニが生まれたときには、もう音楽を聴くのにレコードなんか使わなかったからなあ。そうか。レコードというのは、金属や合成樹脂でできた円盤の表面に、ダイヤモンドなどの硬い鉱石で作られた針で渦巻き状のひっかき傷をつけたものなんだ。ただし、その傷をつけるとき、音の振動で針をふるわせてひっかき傷をつくるんだ。すると、今度は、そのひっかき傷に針をこすりつけると、同じような音が再現される。これが蓄音機の原理で、最初に発明したのは、アメリカの発明王のエジソン*だった。

しかし、せっかく蓄音機を持ちこんでいるのに、フラハティは、録音の原理や蓄音機の使い方をナヌークに伝えようという気はあまりないようだった。ただ、文明をしらない素朴な人間の無邪気でユーモラスな行為を興味深げにフィルムに記録するだけだったみたいだね。

トーマス・アルヴァ・エジソン
(Thomas Alva Edison)
一八四七〜一九三一年、アメリカ合衆国オハイオ州生まれ。アメリカの発明王と呼ばれた。

フラハティからみれば、ナヌークは、尊敬すべき極北の自然人ではあったのかもしれなかったけれど、彼と同類の文明人ではなかったんだね。人間は誰かと出会ったとき、その人間を自分の同類とみなすか、異種のよそ者と考えるか、二者択一の見方をする。フラハティの映画を貫いているのは、文明人としての自分たちと未開人としてのナヌークという二者択一の基準だったんだ。

しかし、この映画が優れているのは、文明から離れた厳しい自然の中で素朴に暮らす人びとの中に尊敬できる人がいるということを文明社会で暮らす多くの人びとに伝えたことだとおとうさんは思う。多くの場合、文明の側にすむ人びとは、文明人は賢くて優れているが、他方、自然の中で暮らす人びとは、野蛮で無知で尊敬するに足りない野蛮人だと思っていたからね。

そういう文明対野蛮という考え方は、とくにキリスト教が盛んなヨーロッパやアメリカの社会で広く受け入れられてきた考え方だった。キリスト教を信じる人びとがたくさん住んでいる欧米の国々は、近代的な科学文明の発達した国だったから、キリスト教徒の社会は文明社会で、そうでない異教徒の社会は野蛮な社会だと色分けしようとした。また、欧米のキリスト教団は宣教師を世界中に送って、ただひとつの真理だと信じる聖書の教えを普及させることに非常に熱心だった。その際、キリスト教と科学文明とをワンセットで世界に広めようとしたんだ。

聖書の教えだけが正しいと信じて、それが広まっていない国を暗黒の土地だと考え、人びとをその暗黒から救うのが自分の使命だと本気で考える宣教師はけっしてすくなくなかった。いや、たとえば今のアメリカでも、ファンダメンタリズム*といって聖書に書いてあることは全部現実にあったことだと信じる保守的なキリスト教がふたたび勢力を強めている。ブッシュ大統領はそういう人たちの支持を受けて当選したんだ。そういう保守的なキリスト教を信じるアメリカ人は、同時に、アメリカは聖書の教えを実現する世界で一

ファンダメンタリズム
(Fundamentalism)
キリスト教根本主義。キリスト教プロテスタントの福音派の信仰のひとつ。聖書を文字通りそのまますべてあったことだと信じる信仰。

番正しい国であるべきだと思っているかもしれないね。

おとうさんにそう言われたとき、ナニは、イラク戦争が起こったとき、ナニの通っているハワイの高校でも、国旗の前に立って胸に手をあてて忠誠を誓う愛国的な儀式をやったことを思い出した。ナニの高校もキリスト教系の高校だから、聖書教育の時間がある。その時間を利用してブッシュの戦争を支持するような儀式をするのに、ナニは疑問を感じて儀式に加わらなかった。でも、多くのクラスメイトが儀式に従った。そんな光景に出会うと、ナニは感じることがある。アメリカの子どもの多くは、アメリカが世界で一番民主的で、科学技術が進んでいて、正義のある国だと信じてると。そんなとき、ナニは、日本からやってきた自分が少数派だということを意識してしまうのだ。

もちろん、そういう狭い考え方の宣教師ばかりじゃない。でも、キリスト教が一番正しい宗教だという考え方は、昔、もっと強かったから、欧米人が海外の、たとえばアジアやアフリカなどのキリスト教徒でない人びとに初めて対面したとき、かれらを最初から自分たちより劣った人びとだと決めつけることが多かったんだ。

サイード*というパレスチナ人の学者は、ヨーロッパ人がアジアを見るとき、いつも、「アジアはヨーロッパの文化と本質的に違っている。アジアは混沌としていて悠久で、いつまでたってもアジアはアジアだ」といって特別の色眼鏡で見ることをおかしいと感じた。そして、そういう色眼鏡のことをオリエンタリズムと呼んで、すごい剣幕で批判したんだよ。

アジアだけじゃない。アフリカでも、南アメリカでも、オセアニアでも、ヨーロッパ人たちがこれらの土地にやってきて地元の人びとと出会うと、土地の人びとをありのまま理解するんじゃなくて、たいがい先入観をもってながめた。その先入観には、いろいろなパターンがあったんだけれど、大きく

* エドワード・サイード（Edward Wadie Said）一九三五〜二〇〇三年。パレスチナ系アメリカ人の文学者。

ふたつに分けると、ひとつは、土地の人びとは無知で暴力的で危険な「野蛮人」だというもの、もうひとつは、土地の人びとは素朴で無邪気で気のやさしい「自然人」だというものだった。だから、よく考えてみると、フラハティの映画に描かれたナヌークとその家族のイメージも、こういう先入観にもとづいていたのかもしれない。

ナニは、校外授業で、ホノルルにあるビショップ博物館*にいったことがあった。そこで、ハワイを発見したキャプテン・クック*という船長の肖像画を見た。その絵の前で、説明員の女性がクックの偉大な業績について説明をしてくれた。

クックは、一八世紀末、世界周航の航海を成功させた偉大なイギリス軍人で、太平洋の各地を航海し、たくさんの新しい島々を発見し、学術調査をした。それして、それらの島々に母国イギリスにちなんだ名前を付けたんだって。ハワイには、クックの航海に出資してくれたサンドイッチ伯爵の名前にちなんでサン

ビショップ博物館
一八八九年にチャールズ・ビショップが、カメハメハ王家の末裔であった亡き妻を偲んで設立。ポリネシア圏の文化や歴史のほか、アジア移民がプランテーション時代にもたらした貴重な資料を所蔵する。

ジェームズ・クック
(James Cook)
一七二八～一七七九年。イギリス、ヨークシャー州生まれ。海軍軍人として帆船エンデバー号で太平洋調査を行った。

ドイッチ諸島という名前をつけたらしい。それじゃ、まるでファーストフード店みたいじゃん。それにしても、そんな名前を勝手に付けるなんてひどいなとナニは思った。

その後、ナニは学校の図書館で、『ラウンド・ザ・ワールド（Round the World）』*と呼ばれる、クックの航海記を見つけた。ページをめくっていると、ちょっとへんてこな挿絵を見つけた。

その挿絵には、クックの探検隊が、ポリネシアのフレンドリー諸島に上陸するところが描かれていた。ナニが不思議に思ったのは、そこに描かれている島民たちが、まるでギリシア神話の挿絵に描かれているような神様そっくりだったからだ。フレンドリー諸島は、今はトンガ*という。ハワイにはトンガ出身の人たちもたくさん住んでいるし、日本のお相撲さんの武蔵丸がトンガ系だってこともナニは知っている。でも、挿絵の人びとは、ナニの知っているトンガ人とはぜんぜん似ていなかった。

『ラウンド・ザ・ワールド』
（"Round the World"）
日本では『南半球周航記』あるいは『キャプテン・クックの航海記』と訳されているジェームズ・クックの航海記。ただし、これを書いたのはクック自身ではなく、ホークスワースという作家だった。

ナニは、おとうさんの話を聞いていて、ふとその航海記の挿絵のことを思い出した。それで、おとうさんの話をさえぎり、その話をした。「クックの『ラウンド・ザ・ワールド』って本には、ギリシア神話の神様みたいなトンガ人が描いてあった。あれもそうかな?」

ナニはよく知っているなあ。そう、そのとおりだと思う。一八世紀のヨーロッパでは、フランスのジャン・ジャック・ルソー*などに代表されるような啓蒙主義*という思想が力をもっていた。ルソーの考え方をかんたんにいえば、人間の本来の性質は善である。だから、自然のまま自由に素直に成長すれば、良い心を持ったまま大人になれる。ところが、文明によって自然な生き方が失われた結果、悪や不正義がはびこるようになった。だから、自然に帰ることが大切だ、という考え方。この考え方は、すべての人間は生まれながらにして自由で良い存在なんだから、すべての人間は平等だという考え方を産み

トンガ
ポリネシアに属する島嶼国。現在は王国で、首都はヌクアロファ、人口は一一万人。

ジャン・ジャック・ルソー
(Jean-Jacques Rousseau)
一七一二〜一七七八年。スイス、ジュネーブ生まれ。フランスの哲学者で、『社会契約論』などを書いた。

啓蒙主義
人間は理性にもとづいて思考するという普遍性を主張する思想的な立場のこと。一八世紀のヨーロッパで主流となりフランス革命に影響を与えた。

だし、近代の人権思想の基礎になったたし、フランス革命に代表されるような一般市民による社会変革にもつながっていった。

この啓蒙主義の思想家たちは、社会変革を説く一方、ルソーの説を証明するような人びとが、きっと世界のどこかに住んでいるに違いないと考えた。啓蒙主義の時代は、同時に、ヨーロッパ各国で航海技術がめざましい発展をとげ、世界に目を向け、海外に植民地を作り始めた時代でもあったから、太平洋やアフリカなど、それまで世界の果てと思われていた地域にも、多くのヨーロッパ人が、探検や調査に出かけていった。これらの探検家たちが現地で出会った人たちの中に、たまたまおとなしくて親切な人たちがいたりすると、その人たちこそ、ルソーの考えの実例だと早合点したんだ。つまり、かれらこそ、文明に毒されず自然のままに暮らす善良で高貴な人びとだと考え、そういう自然人のことをノーブル・サベイジ（高貴な未開人）と名付けたんだ。そんな「高貴な未開人」の先入観が入ったのが、先ほどの挿絵だったんだ。

当時のヨーロッパの人びとにとって、古代ギリシアの神様というのは、高貴さの代名詞だったからね。

しかし、別のイメージも現れるようになった。実際に植民地が次々とつくられるようになると、現地にもともと住んできた先住の人びとは、自分たちの土地や資源をヨーロッパ人に奪われてしまうのだから激しく抵抗した。すると、抵抗する先住民に対しては、残虐で、暴力的で、無知な「野蛮人」というイメージが与えられた。たとえば、北アメリカの平原にすむ先住民は、西部劇では残忍なインディアンとして描かれている。しかし、本当は、残忍にかれらから土地や資源を奪ったのは、白人植民者たちだよね。

入植者であるヨーロッパ人はキリスト教の信者だったから、かれらが先住民を追っ払ったり、殺したりすることを正当化するために、異教徒との闘いというもっともらしい理由が叫ばれた。そして、他方で、征服してしまった先住民たちをキリスト教徒に改宗していった。植民地の拡大とキリスト教の宣教は、だから、車の両輪だったといってもいいんじゃないかな。

　異民族に対する偏見や差別を正当化するのに力を貸したのは、キリスト教だけじゃない。科学的研究もそうだった。啓蒙主義は、事物をありのまま客観的に、科学的に観察し、研究しようとする態度を奨励した。ニュートン*が万有引力の法則を発見したのも、この精神があったからだよ。でも、その科学は、逆に、海外の植民地の拡大を正当化することにも利用されていった。

　たとえば、カンペル*の説はなかなかの傑作だよ。カンペルは、猿、オランウータン、アフリカの黒人、古代ギリシア人などの横顔を精密に測定した。古代ギリシア人は、彫刻をモデルにして測定したそうだ。何を測定したかというと、額のいちばん出っぱったところとあごの先を結んだ線と、耳の穴の入り口と鼻の穴の入り口を結んだ線をクロスさせた角度を測りまくったんだ。そして、それを顔面角と呼んだ。この顔面角は、たまたま猿が一番狭く、古代ギリシア人が一番広い。当時のヨーロッパでは、古代ギリシア人は美の基

アイザック・ニュートン
(Isaac Newton)
一六四二～一七二七年。イングランド生まれ。自然哲学者で数学者。りんごが木から落ちるのをみて万有引力の法則を発見したという俗説がある。

ペトルス・カンペル
(Petrus Camper)
一七二二～一七八九年。オランダの解剖学者。

準だったから、カンペルは顔面角が広くなっていくのが美の発達の方向であると結論づけた。カンペルの説は、白人の文明こそが人類の進歩の方向だと考えている人たちに都合良く利用された。このように、一見科学的なよそおいをほどこして人種差別を合理化する学説がたくさん登場した。そして、植民地を拡大することは、一番進歩している白人の文明を世界中に普及させることだから、人類にとって良いことなんだという主張を繰り広げたんだ。

「極北のナヌーク」が撮影されたのは、二〇世紀のはじめごろ。もうそのころには、世界の主要な大陸は南極をのぞいて、大半がイギリスやフランスなどヨーロッパの大国の植民地として分割されてしまっていた。だから、ヨーロッパ人が自分たちの知らない未知の人びとと出会うチャンスは、北極圏とかジャングルの奥地とかに、だんだんと限られるようになっていったんだ。そして、植民者に代わって、今度は多くの探検家や人類学者たちが、出会いを求めて、そんな奥地や極地に出かけていくようになった。一九世紀後半から二〇世紀始めの出会いとして、よく知られているのは、メラネシアの、たとえばニューギニア島の高地人たちがそうだよ。
そういう探検には、かならず写真家が同行し、記録写真を撮影した。それ以前のたとえばクックの世界周航などの探検には、かならず専門のスケッチ画家が同行したんだ。*写真家が同行するようになったのは二〇世紀にはいってからだけれど、それを追いかけるようにして、映画カメラも使われるようになっていった。考えようによっては、新しいメディアが登場すると、必ずと言っていいほど、世界中の未開の民族がその被写体として撮影されるといってもよい位だよ。映画についていえば、劇場用映画を最初に発明したフランス人のリュミエール兄弟は、かれらが発明した映画カメラをもたせたカメラマンを世界中に派遣して、各地の民族を撮影させている。フラハティの映画も、そういうジャンルの映画のひとつとして発表されたものだったんだ。

*探検には、かならず専門のスケッチ画家が同行した
たとえば、クックの第三回航海には、ジョン・ウエッバーというスケッチ画家が同行して、博物学的なスケッチをはじめ、クックの死も記録した。

ナニは、おとうさんの話を聞き流しながら、ベッドの側に置いてあった手鏡と櫛をつかって、長い髪をブラッシングし始めた。毎日、洗えないから、髪の毛がごわごわになってしまいそう。だから、しっかりブラッシングしておかないと。

フラを習っているハワイの女の子は、髪を切らない。だからナニもそうしている。それに、ナニの学校では、髪を切らずに腰まで届くほどになったら、それを白血病*の放射線治療で髪の毛を失った女性たちのカツラづくりに寄付する活動が盛んで、ナニもそうしたいと思っていた。だから、普通の日本の女の子に比べて、ナニの髪の毛はすごく長いんだけれど、それをナニはとても大切にしていた。それで、友だちと写真を撮るときなんかは、髪の毛が魅力的に映るようにいつも気を配っていた。

髪の毛をブラッシングながら、ふと思った。

「でも、結局、この映画が上映されたのはヨーロッパとかアメリカとかの文明

白血病
血液のがん。血球を作る細胞が、骨髄中でがん化して増殖し続ける病気。

国だけだったんでしょ。ナヌークはこの映画を観られなかったんじゃない。だから、自分がどんな感じで映っているか、チェックできなかったと思うの。ナニだったら、カッコ悪く撮られてたら我慢できない。そんな映画は、絶対映さないでっていうかも」

ナニのいうことは、もっともだとお父さんは思うよ。ナヌークはもちろんこの映画を観ていない。というのも、ナヌークは、この映画を撮影してから二年後に事故で死んでしまったんだ。しかし、もし、ナヌークが生きていたとしても、この映画を観客といっしょに観ることはできなかったと思う。この映画が上映された世界は、ナヌークが住んでいた世界とははるかに隔てられたヨーロッパやアメリカだった。フラハティは、ナヌークの世界とヨーロッパを自由に往来することができたけれど、ナヌークには、それは困難だったと思う。だから、ナヌークは、ナニのいうように、自分がフラハティによってどう表現されているのか、また、それを、ヨーロッパやアメリカの観客たちがどう受け取ったのか、知ることはなかったと思うんだ。

それだけじゃないよ。フィルムに残されているのは、あくまでフラハティから見たナヌークの姿だよね。でも、出会いというからには、ナヌークにとってフラハティがどう見えていたかということも気になるよね。ところが、それについては、なんの記録も残っていないんだ。出会いの現場では、それぞれ対等に見つめあっていたはずなのに、いつも文字やスケッチや写真などのメディア技術をもっている方が、記録を残すことによって、出会いを独占してしまう。

考えてみれば、「クックがハワイを発見した」なんて言い方をするのはおかしいだろう。そこにはすでにポリネシア系のハワイ人たちが住んでいたんだから。しかし、今日でも、クックがハワイを発見したという言い方がまかり通る背景には、クックがそれを航海日誌として文字で表し、専属画家がスケッチに描き、イギリス風の名前を付け、ロンドンで、挿絵つきの航海記として出版したというメディアの圧倒的な力があったからじゃないかな。

そういう意味で、近代という時代では、民族と民族の出会いは、いつもヨーロッパの側から一方的に不平等な関係の中で記録され、ヨーロッパの側の都合にあわせて意味が与えられていったと考えていい。だから、ぼくたちがその記録を読むときも、そのことに十分注意し、眉につばをつけながら読まなくちゃいけないということかもしれない。

だから、たとえフラハティがナヌークを好意的に、かっこよく威厳に満ちた男として描いたとしても、それはあくまで他人の目に映ったかっこよさであり、また、威厳だったんじゃないだろうか。もしこの映画をイヌイットたちが観たとすれば、そのようなかっこよさとか威厳とかいうのをフラハティが思ったように受け止められたかどうかははなはだ疑問だといえるね。

最近、「氷海の伝説」*という映画が公開された。映画は、イヌイットたち

「氷海の伝説」
二〇〇一年、カナダ映画、監督ザガリアス・クヌクDVD発売元：メディアファクトリー
価格：四九三五円

の伝説を題材に、かれら自身の物語を余すところなく描くものだった。物語のテーマは、アタナグユアトという名の英雄の追放と帰還の伝説なんだ。この英雄の追放と帰還というテーマは、世界中の民族に共通するとても普遍的なテーマなんだよ。映像では、今はすでに失われてしまっているイヌイットの伝統的な生活がとてもリアルに再現されていた。

しかし、おとうさんが、この映画がなにより画期的だと思うのは、脚本、俳優、撮影の大半をイヌイット自身の手で完成させたことなんだ。監督のザカリアス・クヌクは一九五七年に北極のツンドラで生まれたイヌイットだよ。また、主演のナタール・ウンガラークもイヌイット出身の彫刻家。イヌイットの人びとは、そこではたんに撮られるだけの受け身的な存在ではなく、カメラを操作し、表現する人として登場しているんだ。つまり、この映画は、イヌイットがイヌイット自身の感じ方や価値観を表現した映画なんだ。

この「氷海の伝説」と「極北のナヌーク」とを比べてみるとずいぶん大き

な違いがあることがわかるよ。たとえば人間の描き方ひとつとっても違っているんだ。「極北のナヌーク」でフラハティが描くナヌークは、野心や悪徳なんていうものから完全にかけ離れた素朴で邪心のない自然人、でも別の見方をすれば、幼稚で無邪気な人なんだ。それに対して、「氷海の伝説」に登場する人びとは、世界のどこにでもいるような、野心、ねたみ、おそれ、それに性欲もちゃんと持っている普通の人間として描かれている。それから、もうひとつ興味深いのは、「氷海の伝説」がイヌイットの精神世界にかかわる儀礼や呪術をイヌイット自身の伝統的な作法にしたがってきっちりと描いていることだね。一方、「極北のナヌーク」では、そのようなイヌイットたちの精神世界は無視されている。

こういう「氷海の伝説」のような映画が作られるようになって初めて、イヌイットたち自身のセルフイメージや価値観が私たちにも伝わるようになったんだと思う。このことはとても重要なことだと思うんだ。これは、イヌイットだけの問題じゃなくて、世界に現存する多くの先住民族にとっても大切な課題だよ。多くの先住民族がカメラはもちろんのこと、文字を持たなかったため、自分たち自身についての記録を持っていない。正確に言うと、唄や語り聴かせなどの口伝えによる伝承はあるけれど、西洋文明が入ってくることによって生活が激変したために、その口伝えの多くが途絶えてしまったか、途絶えかけている。だから自分たち自身の歴史を書こうとしても、書けないことが多いんだ。たとえば、日本の先住民族であるアイヌ民族*についても、和人*やヨーロッパ人などの記録文書の中に描かれたアイヌの先祖たちの様子から推察する以外にアイヌの過去の姿を知ることができなくなっている。でも、そのような文書は、さっきも言ったように、たいがい、書いた側が文明的で、書かれた側は野蛮だという偏見や、書いた側の利益にたって表現していることが多いからね。よほど注意して読まないと、本当のアイヌの人たちの姿は見えてこないんだ。だから、現代のような映像の時代では、「氷

アイヌ民族
北海道、千島列島、サハリンを生活圏とする北方先住民族。

和人
アイヌに対して、日本人のことを呼ぶときの呼び名。シャモはその蔑称。

海の伝説」のような映画がもっともっと制作されるべきだとおとうさんは思う。

しかし、ここで考えておくべきことがあるよ。このような映画が制作されるようになった背景を知っておかないといけない。そこには、現在のカナダ政府が、イヌイットのような先住民族の権利をみとめ、かれら自身の伝統的な生活や文化を守ろうという考え方を国の政策として実行しているという現実があるんだ。だから、この映画も、カナダ政府が制作費を援助している。そういう援助がなければ、商業的に成功しにくいこのような映画が作られることは難しかっただろうね。その意味で、政治の力が重要なんだよ。

日本の場合も、アイヌ民族の文化を保護する法律*が制定されて、伝統的な踊りやことばの保存や振興に乗り出そうとしている。でも、日本の問題は、政府がアイヌを先住民族として正式に認めようとしないことなんだよ。だから、文化は保護するけれど、民族としての権利は認めないというへんてこな

***アイヌ民族の文化を保護する法律**
一九九七年に施行された「アイヌ文化の振興並びにアイヌの伝統等に関する知識の普及及び啓発に関する法律」。

ことになっているんだ。これじゃ、博物館の中の展示のような文化は残るかもしれないけれど、アイヌの人たちが、ひとつの民族として生きる権利や生活が保障されないことになってしまうだろ。日本政府はそういう基本的な部分をまずしっかりと実行する必要があると思うな。

第一夜の翌日
バチェラー八重子の歌を読んで感じたこと、あるいは、金さんとカリフォルニア大学のキャンパスを散歩した時の突然の出来事の顛末

二日目の朝、おとうさんは出かける前にナニのベッドサイドにやってきて、一冊の本を置いていってくれた。それは日本の先住民族アイヌが生んだ有名な歌人、バチェラー八重子*が書いた『若きウタリに』という歌集の文庫版だった。文庫って寝っころがりながら読むのにいいんだよね。ハワイでも文庫はよく読むの。でも、歌集なんて初めて。なかにアイヌのことを歌った短歌がたくさん収められているって、おとうさんが言ってた。

で、午前中は、そのまま枕元にほったらかしにしておいた。でも、午後になってすこしぺらぺらとページをめくっていたら、すごい歌に出会った。そしたら、

*バチェラー八重子
一八八四〜一九六二年、アイヌ民族出身の歌人。一九三一年に歌集『若きウタリに』を刊行した。なお、「ウタリ」とはアイヌのことばで「同胞」の意味。

急に今年の春休みの出来事を思い出しちゃった。それは、カリフォルニア大学で勉強している在日朝鮮人のフェミニスト*の金さんとキャンパスを散歩したときの思い出だったけれど、それがわーっとあふれてきてしまった。短歌って不思議。すくない文字しかないのに、心にパッとイメージが広がるんだから。ナニがどっきりした歌は、この歌なの。

黒けれど　侮りますな　あの鳥　自由に高く　飛びめぐるなり

金さんは、ナニの家族ととても仲のいい女性で、ボイストレーナーの先生。ボイストレーナーってね、プロのアナウンサーとかナレーターとか声優さんとか日本語をお仕事で使う人に、正確な日本語の話し方をアドバイスしたり教えたりする専門家なの。ナニの日本語は、おとうさんからはタメ口だってよく注意されるんだ。なにさフン！って思ってたけれど、金さんの話す日本語を聞く

*フェミニスト
男性中心の社会であることに気づき、その中で構築された女性の性役割から女性を解放しようとする思想をもち行動する女性のこと。

とやっぱり自分の日本語はけっこうヤバイって思うよ。

でも、金さんがカリフォルニア大学でいま勉強しているのはマイノリティ・スタディーズ*といって、女性とか少数民族とか移民とか、世の中で少数派っていわれて差別されたりしてる人たちのことを重点的に勉強しているの。

金さんは、ナニが赤ちゃんのときからときどきお家にやってきておとうさんと議論したり、家族といっしょにご飯を食べたりしてたから、ナニにとっては、おばさんみたいな人かな。いや、おばさんというより、ちょっと年の離れたお姉さんって感じの方が当たってる。その金さんがメイン（アメリカ本土）のカリフォルニア大学で一年間勉強するって聞いたので、この春休みに遊びにいっちゃった。

その金さんとカリフォルニア大学の自然が一杯のキャンパスを散歩してたとき、その出来事は起こった。目の前からすっごく大きな黒い鳥が飛び立ったの。ナニはびっくりした。そして、黒い鳥からカラスを連想して、なんだか不吉っ

マイノリティ・スタディーズ
一九七〇年代以降、アメリカを中心に世界中の大学や研究機関で確立されはじめた学問分野で、社会的な少数派の人権の擁護を目的として、その存在のあり方や多数派との関係について研究する学問のこと。

て思ったの。それで、金さんに、「縁起が悪いから、エンガチョ切って」*っていったら、いつも冗談ばっかりいってる金さんがそのときは突然ムッとして、こういったんだ。

「黒い鳥だからって、どうして縁起が悪いの？　おかしいでしょ。白い鳥がいれば、黒い鳥だっているでしょ。どうして黒い鳥だけ縁起が悪いの。そういうの偏見っていうのよ。黒という色が不吉だっていうのは、白人たちが黒人たちを差別するときの一番手っ取り早いやり方なんだよ。」

ナニは、どっきりした。そして、金さんのいうことにはっと気がついたんだ。金さんのいうとおりだ。たとえば、心の中で悪いこと考えるのを「腹黒い」とか、お相撲で負けのことを「黒星」とか、黒という色には悪いイメージがついてまわる。だから、知らず知らずのうちに、黒って不気味だなあと思ってしまう。でも、黒はただの色の種類。人間が勝手に黒をそういうイメージだと思っているだけなんだよね。

エンガチョを切る
縁起のよくない事象が起こったとき、悪縁を払うために、人差し指と親指で作った輪を手刀で切る動作をするまじない。

バチェラー八重子の短歌を読んだとき、そのときの金さんのことばを突然思い出したの。この歌の意味は、こうでしょ。「黒い色をしている鳥をバカにしちゃいけない。すごく自由に高くとびまわれる鳥なんだよ。鳥は色で飛ぶんじゃない、羽の力なんだよ」って。

きっと、八重子は、アイヌの若い人を黒い鳥にたとえたんだと思うの。それで、その鳥は黒くて一般受けしないかもしれないけれど、自由で空高く飛び回れるんだぞって言いたかったんだと思う。八重子はアイヌの若者のプライドと潜在能力を歌ったんだと思うな。

でも、どうしてアイヌの女性なのに、バチェラーなんてコケイジアン（白色人種）っぽい名前がついてるんだろう。そこで、ナニはお得意のインターネットでバチェラー八重子にチェックをいれてみた。

すると、いろんなことがわかった。

八重子は一八八四年にお金持ちのアイヌの次女として生まれた。で、七歳のとき、ジョン・バチェラーという宣教師から洗礼をうけて、クリスチャンになった。

このジョン・バチェラーという人は、イギリス人で英国聖公会*の宣教師として北海道にやってきたんだけれど、アイヌの人たちが差別されて、ひどい生活を送っているのをみて、なんとかしなきゃって思い、アイヌのための学校を作ったり、病院を作ったりしたの。そこで、八重子も洗礼を受けて、その後、さらにジョン・バチェラーの養女になってアイヌ出身の歌人として活躍した。

八重子の歌は、アイヌのことばじゃなくて、日本語で作られていた。日本語は、八重子にとっては、いじわるをする和人のことばでしょ。だから、日本語で短歌を作ることは、なかなか複雑な気分だったと思うよ。でも、日本語を使うことで、アイヌだけじゃなくて和人にもメッセージを伝えたかったのかもしれない。押しつけられたことばを使っても、ちゃんと自分がだせる人はいるからね。

金さんもそういってた。金さんは在日朝鮮人の三世なんだよ。日本が朝鮮を

英国聖公会
イングランド国教会。一六世紀にカトリックから分離独立したイングランド独自のキリスト教会で、のちに世界に広がった。

植民地にしていた時代に、おじいさんが勉強するために日本にやってきた。金さんのおじいさんは、生活のきびしい植民地からすこしでもましな生活をしようと思って東京にやってきた。そして、そこで金さんのおとうさんが生まれ、戦争の苦しい時代をへて、戦後、金さんが生まれた。日本が朝鮮を植民地にさえしなければ、朝鮮でもっと楽に生活できたはずなんだ。だから、金さんにとって、日本語はすすんで身につけたことばじゃない。生活の手段として身につけたことばだった。ナニが英語を覚えたのとどこか似ているなあ。

　でも、金さんは今、日本語のプロフェッショナル。金さんに訓練してもらったキー局のアナウンサーもたくさんいるんだって。ナニが日本の中学校にいたころ授業で、国語を愛しましょうとか言われたけどさ。愛していようがいまいが、ことばは道具だからね。自分の気持ちをきちんと表現しようという意欲さえあれば、どんなことばでもそれはできるんだって思うの。恋人に愛は必要だけれど、ことばに愛なんて関係ない。

なにをいいたかったのかしら。そうそう、八重子のこと。八重子ってやっぱりアイヌの中のエリートだったと思うの。だから、アイヌをバカにしているような和人でも、八重子のことは特別扱いせざるを得なかったと思う。

立場の弱い民族が社会に発言したり、自己主張したりするとき、そういう特別のパワーをもったエリートが必要なんだって金さんもいってた。そういうエリートは、その社会でパワーをもつ人たちの側にも属していながら、同時に、立場の弱い民族の仲間でもあるというふたつの立場にまたがった条件*を持っているんだって。

金さんは、自分がそうだとはいわなかったけれど、旧約聖書*に出てくるモーゼ*がそうだっていった。モーゼはユダヤ人の子でありながら、エジプトの王様の子どもとして育てられた。だから、ユダヤ人をいじめる権力者のエジプト人とも互角に交渉ができたんだって。

八重子の歌を読んでいて、金さんの話を思い出しちゃった。八重子の作った

ふたつの立場にまたがった条件
マージナリティという。

旧約聖書
主にヘブライ語で書かれたユダヤ教、キリスト教、一部イスラム教にとっての聖典。

モーゼ
古代イスラエルの預言者。旧約聖書の出エジプト記によれば、モーゼはエジプトで奴隷の身分とされていたイスラエル人たちを、数々の困難を乗り越え約束の地へと導いたとされる。

歌には、こんなのもあるよ。

亡びゆき　一人となるも　ウタリ子よ　こころ落とさで　生きて戦へ

すごい決意がこもった歌。日本政府による同化政策*に抵抗して、民族の心を忘れるなっていう歌なんだよね。金さんも言ってた。同化政策というのは、自分の民族の文化やことばをすてて、日本文化と日本語に取り替えてしまえという政策なんだよ。ナニも日々経験している。アメリカにきたんだから日本語は使うなって言われたりするから。

どこの国でも一般国民は、自分の国のことばや文化だけで十分だって思ってるからね。ふたつ以上もっている人のことはわかんないのよね。

最後に、きわめつけの歌はこれかな。

同化政策
植民地宗主国が植民地を支配する方法として、あるいは、移民受け入れ国が移民集団を統治する方法として、言語や文化、生活習慣を宗主国あるいは移民受け入れ国のそれらに変容させる社会政策。

砂原に　赤く咲きたる　ハマナスの　花にも似たる　ウタリが娘

砂浜に咲くハマナス*の赤い花のようにきれいなアイヌの娘さんを歌った歌。ナニもうっとりしちゃう。こんな風に歌われたいなって。和人の美人の基準からみればアイヌの美人はきっと違ってたんだと思うの。だから、八重子はあえてアイヌの美人のことを歌ったんだと思う。

ナニは、そんなことを考えながら、だんだんと気分が沈んでいく自分に気づいた。八重子のようなエリートのことだけが歴史に残っていくのはなんだか悲しい。だって、アイヌの一般民衆は、ぜんぜん記録にも残されなかったわけだから。記録がないっていうことは、生きていなかったということにされちゃいかねない。歴史に残るということは何かに書かれたりフィルムに残ったりしていなくちゃならないでしょ。そんなこと普通のアイヌの人にはできなかったと思うの。

ハマナス　夏に紅い花を咲かせるバラ科の植物。

金さんが言ってた。インドのフェミニストでスピヴァク*っていう学者が、サバルタン*は自分自身について話すことができるのかっていう本を書いたって。サバルタンというのはね。「自らを語ることができない者」のこと。もし語ったとしても、その語った内容を他の偉い人が勝手に解釈してしまうので、結局、せっかくいいたかったことも他人のことばによって隠されてしまう、そういう運命を背負った人たちのことだっていうの。金さんのいうサバルタンとは、アイヌの一般民衆のことにちがいないと思う。

たしかに八重子のようなエリートがいたから、アイヌ民族の心や願いをナニのような女の子にも分かるように伝えてくれたと思う。だから、八重子のような人はとても大切な役割をしてくれたと思う。でも、そういうエリートがいるからって、その発言だけで十分ってわけじゃない。やっぱり声を出せないサバルタンの声をきく努力をしなくちゃいけないと思うの。

金さんは、太平洋戦争の最中に、日本軍が朝鮮や中国の女の子を無理矢理ひっ

ガヤトリ・C・スピヴァク（Gayatri Chakravorty Spivak）
一九四二年〜。インド生まれで、のちにアメリカのコーネル大学を卒業し、アメリカで活躍する文芸批評家。植民地主義批判の立場からフェミニズムを論じる。

サバルタン
インドのことばで、もともとは下層階級の人びとを呼ぶことばだった。スピヴァク（上村忠男・訳）『サバルタンは語ることができるか』一九九八年、みすず書房。

ぱっていって日本軍の兵士たち相手のセックス・スレイブにしたことも話してくれた。ナニも、すこし知ってる。従軍慰安婦*っていうんだ。でも、日本の男たちの中には、そんなのはっきりした証拠がないから全部ウソだって言う人もいるんだよ。

ナニは、それをきいて思う。本当の犠牲者っていうのは、証拠も記録もなんにもない人たちのことをいうんだって。ひどい目にあったとしても、証拠があって、ひどいことしたヤツに罰を下すことができれば、最低、救われる。でも本当の犠牲者は、証拠も記録もなくて、どうしようもない人たちなんだ。

だから思う。証拠もなく、記録もない本当の犠牲者のことまで十分に考えてほしいっていうこと。それがサバルタンにお話をしてもらうってことだとナニは思うんだけど、違うかな。

ところで、話は変わるけど、金さんは本当におしゃべり好きで、ナニが話すスキもないんだから。こういう場合、ナニはサバルタンなのかしら。わけわか

*従軍慰安婦
太平洋戦争の最中、日本軍が強制的に軍人相手の娼婦として使役した、植民地出身の女性あるいは捕虜にした女性たちのこと。

んないよ。

第二夜
「地下の民」をみて話す
西洋が侵入し支配した時代

「地下の民」
一九八九年、ボリビア映画、監督ホルヘ・サンヒネス　ビデオ発売元：シネマテーク・インディアス　価格：三〇〇〇円

二日目の夜になった。おとうさんがもってきた映画は、「地下の民」という名のボリビア*映画だった。先住民の血を引く男の人が、故郷に帰っていく旅のお話。その旅の途中にいろんな出来事があったり、昔のことを思い出したりするの。お話の進行がすごくゆっくりとした映画。ふだんナニがみているハリウッド製のアメリカ映画は、カットがすごく短くて、ストーリーがどんどん展開するから絶対に飽きない。それに比べて、この映画は、ワンシーンをワンカットで撮ってるから、とてものんびりしている。それに、俳優さんの演技もすっごく素人くさくて地味。全員地元のエキストラって感じ。こんな辛気くさい映画を観るのは初めて。おとうさんは、ナニを試しているのかも。ハリウッド娯楽映画ばっかり観ているナニは、世界中のいろんな映画を観る力が足りないと思っているみたい。そういうおとうさんのやり方は、まったく気に入らない。でも、悔しいから最後まで寝ないで観た。どんなもんだい。ナニの眼力を思い知ったか。

ボリビア
ボリビア共和国。ブラジル、チリ、ペルー、チリ、アルゼンチン、パラグアイに接する南アメリカの内陸国。人口は約八九〇万人、首都はラパス。

この映画は、ボリビアの首都ラパスに住む子ども用の棺桶をつくる職人のセバスチャンという男の長いながい旅の物語。主人公のセバスチャンは先住民アイマラ人*の血を引いている。物語は、この男が踊りに使う仮面というか、大きな緑色の異様なかぶり物の製作を依頼するところから始まるんだ。この仮面は死のダンス専用の仮面だ。つまり、この仮面をかぶって踊りはじめるということは、死ぬまで踊り続け、最後には、みんなの前で死ぬことを意味している。そんな踊りが本当に今も行なわれているのかは、正直いっておとうさんは知らない。でも、物語の中では、その踊りを踊ることは村人にとって、とても尊敬にあたいすることだということがわかる。つまり、神様に自分の命を捧げるのと交換に、村によいことをもたらしてもらおうという犠牲的行為なんだ。物語は、なぜこの男がそんな仮面をたずさえて故郷の村に戻ろうとしているのか、また、なぜ死の踊りを踊る必要があるのかを、カットバックの手法を使いながら、解き明かしていく。カットバックとは、映画の

アイマラ人
ボリビアの総人口の約二五パーセントを占める先住民族で、アイマラ語を話す。

中に過去の回想シーンを差し込む表現方法のことだよ。

　ところで、前半の部分で、セバスチャンがラパスの街全体を見渡せるような高台の道を歩いていくシーンがあるだろう。このシーンから何がわかるかというと、セバスチャンがとても貧乏だということ。ラパスの街は標高四千メートル近い、とても高いところにあるすり鉢のような地形をした街なんだ。このすり鉢のへりに行くほど高度が高くなって空気が薄い。だから、お金持ちはすり鉢の底に住んでいる。一方、セバスチャンのような貧しい人たちは、高度の高いすり鉢のへりにできあがったスラム街に住んでいるんだ。

　では、どうしてセバスチャンのような先住民の出身者は貧しいのか。ナニはどうしてだと思う？　それには、ボリビアをはじめラテン・アメリカ*が長い間ヨーロッパの国々に征服され、支配を受けてきたという歴史が関係している。

　一五世紀末のこと、ヨーロッパ人で最初にアメリカ大陸を発見したのはコ

＊ラテン・アメリカ
南北アメリカ大陸のうち、北米をのぞく中央アメリカと南アメリカ、それにカリブ海の島々を加えた地域のこと。

ロンブス*だ。コロンブスは、スペイン王家の支援を得ていたから、新しく発見されたアメリカ大陸に進出していったのは、まずスペインだったんだ。これにポルトガルが続いた。スペインやポルトガルは、ヨーロッパ大陸でも一番大西洋に近い地理的な位置にあり、また、大きな経済力と好戦的な軍隊をもっていたからね。かれらは大西洋の海上交通や貿易を独占して、さらに大きな力をもつようになっていった。スペインやポルトガルは新大陸に進出したあと、つぎつぎと植民者を送り込み、本国の社会制度をまねた新しい社会を作りあげていったんだ。それと並行してカトリック教会も新大陸に聖職者を送り込んだ。宣教師たちは、キリスト教の布教が目的だったし、司祭たちは、植民したスペイン人のための教会を運営したんだ。

しかし、新大陸には、もともとそこで暮らしていた先住民がいた。かれらは独自の文化と生活様式をもっていて、環境に適した生活を送ってきた人びとだった。たとえば、現在のメキシコやグアテマラのあたりにはマヤ文明*が、

クリストファー・コロンブス
(Cristoforo Colombo)
一四五一?〜一五〇六年。
イタリアのジェノバ出身の冒険家。

マヤ文明
中米のメキシコ、グアテマラ、ユカタン半島などの地域に三世紀〜一五世紀にかけて栄えた文明。金属器をもたなかった。

ペルーやボリビアのあたりにはインカ文明*が栄えていた。その他にも、いろいろな民族が暮らしていた。しかし、スペインやポルトガルが侵入し、軍事力とキリスト教という二つの力で制圧すると、先住民たちはヨーロッパ人がもち込んだ伝染病や迫害、居住地からの立ち退きなどで、人口を激減させていった。スペインが侵入したとき、アメリカ大陸には、約七千五百万人の先住民が住んでいたといわれている。それが、一六世紀半ばには半分になってしまったというんだ。そうやって、先住民たちは周辺に追いやられ、貧しい農民や都市の底辺の労働力としての生活を送らざるをえなくなっていったんだ。

また、先住民が減ってしまったために、アフリカから黒人たちを奴隷として連れてきて働かせることが行なわれた。たとえば、カリブ海地域での砂糖農園などがそうだよ。その結果、アフリカ系の人口は激増していったんだ。

インカ文明
一三〜一六世紀まで、アンデス地方を中心に、ケチュア人たちが築いた文明とその帝国。巨大な石造建築と精巧な石材加工技術で知られる。

それは、アメリカ合衆国でも同じだとナニは知っている。南部で盛んになった綿花農場で働く労働力を確保するために、アフリカの黒人たちが奴隷として連れてこられた。この人たちがアメリカにおける黒人たちの祖先だということを学校で習った。それから、「黒人」とおとうさんは言ったけれど、アメリカでは今は黒人とは言わないで、「アフリカン・アメリカン」*というのが正しいって教えられた。

この映画の舞台になっているボリビアについてみよう。最初に現在のボリビアを含むアンデス地域に侵入したヨーロッパ人は、スペイン人のフランシスコ・ピサロ*という軍人だった。一五三二年のことだった。ピサロは先住者であるケチュア人*が作ったインカ帝国をむちゃくちゃに残忍なやり方で軍事的に制圧し、スペインの支配を打ち立てたんだ。

それ以来、多くのスペイン人たちが入植してきて、スペイン人植民者の

アフリカン・アメリカン
(African-American)
アフリカ系アメリカ人。アメリカ市民権をもつ黒人。

フランシスコ・ピサロ
(Francisco Pizarro)
一四七一～一五四一年。スペインのカスティーリャ王国生まれ。インカ帝国を征服した。

ケチュア人
ボリビアの先住民族で、総人口の約三〇パーセントを占め、ケチュア語を話す。

社会を作り上げていった。それは、同時にスペイン帝国の一部となった。一五四五年に、ポトシ*という土地に銀鉱脈が発見されると、いっそうたくさんのヨーロッパ人がそこに集まってくるようになった。先住民たちは、鉱山労働者としてこき使われたんだ。アフリカから奴隷も連れてこられた。

こうして今日ボリビアと呼ばれる土地を含むアンデス地域には、スペイン語を話す植民者の社会ができあがっていった。一八世紀頃のこの土地の社会は、大きくいって三重の支配構造になっていた。まず、スペイン本国からやってきて地元行政を担当する行政官、軍人そしてカトリックの司祭たち。かれらはペニンスラールと呼ばれ一番上のエリートだった。その下に、地元生まれのスペイン系の血を引くクリオージョと呼ばれる白人たちや混血の人たち。そして、一番下に、先住民の血を引くケチュア人やインカ帝国時代からこの土地で暮らしてきたアイマラ人の子孫など、もっとも貧しく虐げられた人びと。この三重構造がこの土地の社会を作り上げていた。

ポトシ
ボリビアの南西部の標高四一〇〇メートルに位置する都市。一六世紀のスペイン統治時代にセロ・リコ銀山が開発され、莫大な金銀が採掘された。

現地生まれのクリオージョたちは、先住民たちを上から圧迫する位置にいたわけだけれど、スペイン本国の支配をうける中間の立場だった。現地生まれのスペイン人たちには、だんだんとこの生まれ故郷の土地を、自分の国だと思う意識が芽生えていった。そして、スペイン本国が植民地であるこの土地に対して不平等な貿易や経済的な支配を強めるようになると、クリオージョたちの中で、植民地ではなく、れっきとした独立国として自立しようという意見が多数をしめるようになってきた。その結果、一九世紀に入ると、独立運動が激しくなっていく。そして、一八二五年、この土地の人びとは独立戦争を戦い、ボリビアという新しい国家として出発したんだ。

しかし、ここで忘れていけないことは、たとえ独立したからといって、それは現地生まれの白人市民たちが自由を手にしただけで、白人たちと先住民たちとの不平等で差別的な関係は変わらなかったということなんだ。

その先住民と白人市民との対立関係や経済的格差の問題は、その後、ずっと現代まで解決されない問題として残されてきたんだ。ラテン・アメリカの社会を改革したり、政治をよくしたりしようという場合、それをいい出すのは、たいがい地元出身の白人市民の中の、進歩的で高い教育を受けたリーダーなんだけれど、その白人リーダーたちは、最下層で虐げられている先住民たちのことを考えないわけにはいかない。でも、実は、そのリーダー自身も構造的には先住民を支配する側の人間であることに違いはない。不正をただそうとする側が、実は不正をする人びとと同類だという矛盾がいつもかれらの心に棘のように刺さっている。こういう複雑な心理は、日本人にはわかりにくいかもしれないけれど、ラテン・アメリカの政治、いや、それだけじゃなくて文学や芸術でも、切っても切り離せない問題として、いつもあり続けているといっていい。

この映画の中でも、警察に追われて荒野を逃げる反体制の白人活動家がセバスチャンに助けを乞うシーンがあるよね。セバスチャンは、それをにべもなく突き放してしまうだろ。この映画を製作した監督、ホルヘ・サンヒネス*は、もともと反体制派で有名な映画監督だった。一九七〇年代に撮ったかれの作品に「第一の敵」という映画があるんだけれど、その映画は、反体制ゲリラが農民の味方をして、悪い地主をやっつけるという内容の映画だった。反体制の白人活動家と先住民の農民は連帯して戦うことができるという楽観的な考え方だった。それが、八〇年代末の「地下の民」では、たとえ、両方とも、現在の体制にひどい目にあっているからといって、先住民と白人は、そう簡単には手をつなぐことはできないという厳しい考え方に変わっている。

さて、ここで言っておきたいことは、混血の人びとのことだ。ラテン・アメリカへの植民が始まって時間がたっていくと、白人たちと先住民たちとの間で血が交わるようになっていった。もちろん、対等な結婚なんかじゃない。スペイン人の男が先住民の女性に子どもを生ませた結果だった。混血にもいろいろあった。先住民と白人の混血はメスティーソ、アフリカ系の黒人

ホルヘ・サンヒネス
(Jorge Sanjinés)
一九三七〜。ボリビアの映画監督。ウカマウという制作集団を率いて、ボリビアの政治状況を果敢に映像作品にしてきた。

と白人の混血はムラート、先住民と黒人の混血はサンボなどと呼ばれた。だから、血が混じったからといって平等な社会になんかならなかった。より白人の血がたくさん混じっている人が社会的に有利な地位につけた。白人は優れていて、先住民や黒人は劣っているという観念が強く信じられていたから。これについては、昨夜話したからくりかえさないけれど。ただ、混血に生まれた人たちは、自分が何者なのかをいつも自分に問いかける宿命を負っていた。ちょうどナニが、日本人なのかアメリカ人なのか迷うように、自分の中の複数の血をどう扱えばいいか、いつも悩みながら生きてきたんだ。

映画「地下の民」の主人公、セバスチャンはアイマラ人の子どもだった。しかし、かれは、小さいころ白人が経営する農園に奉公に出され、白人の生活に接して育ったという過去がある。これが、セバスチャンの性格や価値観を複雑にしていく、まあいってみれば物語の重要な伏線になっているんだね。最初の方に、セバスチャンの父親たちが白人のお金持ちたちを背中に背負って川を渡らされるカットバック・シーンが出てくるだろう。アイマラ人にとっては、とても屈辱的なシーンだ。アイマラ人として白人の家で奉公するということがどんなに惨めかということを、幼いセバスチャンはイヤと言うほど味わわされるんだ。

そこで、かれは出身を隠し、名前も白人風の名前に変え、白人社会に近づいていったんだ。政府の秘密警察のメンバーになって、改革派の人たちを暗殺したり、先住民たちが組織する鉱山の労働運動を弾圧する仕事をしたりして、人間的にも、どんどん荒廃していくんだ。そして、村に戻ったあとは、村長に立候補し、アメリカの援助を受け入れて村に利益もたらすことを約束する。しかし、実際は、村人を裏切り、援助品を横取りしてしまう。それがわかって村人たちに取り囲まれてしまうんだ。本当は、石子詰めで殺されたってしかたがないところだった。石子詰めってわかるかな。穴に人間をいれて、みんなが上から思いっきり石をぶつけて殺してしまうとても残酷な死刑の方法だよ。けれど、おかみさんが命乞いをして、二度と戻ってこない約束を守れば殺さないという条件で村を追放される。

そのあと、セバスチャンは、ラパスのスラム街で棺桶職人として暮らすようになるんだけれど、生活も心もすっかり落ちるだけ落ちてしまったとき、それまで、いやでいやでしかたがなかったアイマラ人としての自分をついに再発見するんだ。そして、アイマラ人として死ぬために、つまり、アイマラ人として人生の最期を生きるために、死のダンスの仮面をたずさえて故郷の村に帰っていくんだよ。

ナニは、自分のことを振り返ってみた。家族の引っ越しで小さいときから慣れ親しんだ東京を離れて、地方の中学校に入った。そこで、東京出身だからとずいぶんいじめられ、不登校になった。おとうさんが探してきたフリースクール*に通うようになって、やっと自分らしさを取り戻せた。

フリースクール
学校教育法に規定されない学校で、不登校や既存の学校制度になじまない子どものためのオルタナティブな教育機関あるいは運動。

そして、たまたまフリースクールに遊びに来ていた「ハーフ」のエリカちゃんと友だちになった。エリカちゃんは、日本人のおとうさんとオーストラリア人のおかあさんとの間に生まれた女の子。最初は、日本の公立中学校に通っていたんだけれど、両親の決断でオーストラリアの学校に一年間転校して、今は、日本のインターナショナル・スクール*に通っている。エリカちゃんは、だから日本語も英語も上手にしゃべることができる。エリカちゃんのこと、さっきは、「ハーフ」っていったけれど、エリカちゃんは、そういう言い方は嫌っている。エリカちゃんは、自分をハーフ（半分）じゃなくて、両方という意味で、ダブルと呼んでいるの。ナニは、エリカちゃんの生き方から学んだ。

そうだ、自分もアメリカで生まれたからアメリカ人でもある。アメリカで勉強しよう。そう思って、日本人でアメリカに留学した子どもの日記や手記を読みあさった。それによると、アメリカは自由で、校則も少なく、いろいろな民族の子どもたちが楽しく勉強している、と書いてあった。ＮＨＫで放送してい

インターナショナル・スクール
学校教育法に規定されない学校で、多国籍・多民族な子どもたちのための教育機関。

るアメリカの青春テレビドラマ*なんかでも、アメリカの高校生ってとても楽しそうだし、服装も自由だし、学校も素敵そう。それって、すごくない？ それに比べて日本なんて最低よ。ナニは、それで、ゼッタイにアメリカに留学することに決めた。

ナニがそういい出したとき、みんなびっくりした。日本人の留学生を受け入れてくれる学校は確かにあった。でも、それは、日本人を受け入れるのをお金もうけにしているような学校が多かった。そんな学校に入ったら、日本人の子どもばっかりで、日本にいるのと何にも変わらないなんてことになるかも。それじゃいや。普通のアメリカの学校に通いたい。そうナニはいい続けた。

結局、おとうさんが、研究のためにもう一〇年以上通っているハワイの田舎町の中学校*に転校することが決まった。引き受けてくださったのは、日系人二世の学校の先生。そして、その中学校で一年間勉強したあと、ホノルルの高校*に進学した。

アメリカの青春テレビドラマ NHK教育「フルハウス」（原題 Full House）、NHK「ビバリーヒルズ高校白書」（原題 Beverly Hills 90210）などなど。

中学校 (intermediate school) ハワイのインターミディエイト・スクールは、小学校卒業後の二年制。

高校 (high school) ハワイのハイ・スクールは中学校卒業後の四年制。

今では英語も話せるようになり、普通の高校生活を送るようになって、ナニは重大なことに気づくようになった。はじめはアメリカにあこがれてアメリカ人になりたいって思い、なんでも地元の子のように考えたり、行動したりしようと思った。しかし、よく付き合ってみると、日本と同じように、いじめもある。本土から来た白人の先生が白人の子にひいきするなんてこともよくある話。いろんな民族の生徒が勉強しているのは確かだけれど、カフェテリアで昼ご飯食べているのをよく見ていると、やっぱり白人は白人同士、日系人は日系人同士というように、同じ民族の子だけで食べている。そういうのがグループになっていて、普段でもつるんでいることの方が多いということ。

ナニは、留学生だから、日系人のグループに入っていてもすこしずれてくるし、本土から来た白人の転校生のグループに入っていても合わないし……。ずいぶん悩んだこともあったの。そして、悩んだあげく、自分はただのアメリカ人じゃないんだって気がついた。ハワイ生まれで日本育ちのアメリカ人で日本人だってこと。

でも、それに気づくのに時間もかかったし、苦しいことも多かった。だから、セバスチャンの苦しみが少しはわかるような気がする。


ラテン・アメリカの多くの国がスペインやポルトガルなどのヨーロッパの大国から独立していったのは、一九世紀のことだった。スペインの力が王国内の内紛もあって、ずいぶん衰えてしまうんだ。しかし、独立したいと考えていたラテン・アメリカの人びとにとっては好都合だった。それで、独立運動はますます盛んに起こるようになり、スペインは結局、これらの植民地をつぎつぎと手放していった。これが、一九世紀のラテン・アメリカ史の大きな流れになっている。

しかし、独立したからといって、すべての人びとにとって自由で平等な社会になったかといえば、そうじゃなかった。あいかわらず、ヨーロッパとの結びつきは強く、経済的にも不利な関係を余儀なくされていた。文化や芸術もそうだった。ヨーロッパの芸術や文化が上等で、ラテン・アメリカは二流だとされていた。

独立を果たした国でも、その後、独裁者や軍人に政治を好き勝手にされてしまう国も多かった。議会制民主主義が定着せず、軍事クーデター*によって政権を奪うというやり方が当たり前になっていた。しかし、それに対して、不正や不平等を改めようという運動も盛んになっていった。改革派の人びとにとって、マルクス主義*の思想はとても魅力的に映った。一九世紀後半から二〇世紀にかけてもっとも影響力をもった社会改革の思想は、マルクス主義だったからね。労働者と農民が団結して、独裁者と資本家を打倒して、働く者が中心になる社会主義の社会を作ろうというのが、マルクス主義の基本的な考え方。そのためには、個人が工場や企業を私有するのではなくて、国が生産のための設備を所有し、すべて計画にしたがって経済を運営していこう

軍事クーデター
軍隊による政府の転覆と政権の奪取。

マルクス主義
カール・マルクスの思想にもとづく社会主義革命思想。

と考えた。人間は欲深いから、企業や工場を私有する経営者は、働く人たちの賃金や福祉は最低にとどめておいて、もうけは全部自分のポケットにいれてしまうにちがいない。これでは、不平等も不正もなくならない、と考えたんだ。

ラテン・アメリカの国々でも、このマルクス主義の考え方は、大きな影響力をもっていった。ヨーロッパに比べて、ラテン・アメリカでは、植民地時代から裕福な白人による富の独占が続いていたから、お金持ちと貧乏な人たちとの格差がとてもはっきり見えた。だから、マルクス主義の主張が誰の目にでもよく納得できたんだね。

また、二〇世紀に入るようになると、アメリカ合衆国の力がはっきりと現れるようになってきた。アメリカ合衆国は、国内では民主主義の制度を誇っていたけれど、周辺の国々に対しては、スペインとあまりかわらないような利己主義的な態度で接した。つまり、自分の国の企業やお金持ちたちがラテン・アメリカ諸国にもっている海外資産や権益を守ることを最重点にする政策をとり続けたんだ。
ラテン・アメリカの人びとは、そんなアメリカのやり方に不満があった。とくに、国内の独裁者とアメリカ政府が結託して、不正な利益を守ろうとすることが多かったからね。たとえば、キューバ*がそうだった。
キューバでは、アメリカの後押しをうけたバティスタ政権が強権的な政治で国民を支配していた。これに対して、武器をもって立ち上がったのがフィデル・カストロ*やエルネスト・チェ・ゲバラ*が率いる反体制ゲリラたちだった。

ナニもチェ・ゲバラは知ってるもん。メッチャかっこいいヒーロー。映画でも観たよ。たしか、「モーターサイクル・ダイアリーズ」*っていう題名だった。それを観てから春休みにカリフォルニア大学で研究してる金さんのところに遊

キューバ
西インド諸島に属するカリブ海で一番大きな島国。現在の人口は約一一三〇万人、首都はハバナ。

フィデル・カストロ
(Fidel Castro)
一九二六年、ハバナ生まれ。革命家。

エルネスト・チェ・ゲバラ
(Ernesto Che Guevara)
一九二八〜一九六七年。革命家。キューバ革命を指導、その後、ボリビア革命闘争を指導中、捕らえられ処刑された。

びにいった。そのとき、キャンパスのオルタナティブ・カフェっていう、スタバと本屋が合体したような反体制っぽいお店の壁に、チェ・ゲバラの写真に「レボリューション（革命）」って書いてあるポスターが貼ってあった。そして、ゲバラの顔写真つきのTシャツを売ってた。金さんも「かっこいいわね。いい男」っていってたよ。へへへ。ナニもTシャツ買っちゃった。

おとうさんにおみやげとしてそのTシャツくれる気はないかい。やっぱりだめか。

さて、最初の武装蜂起に失敗してメキシコに逃げていたカストロたちが、ゲバラも含めた八〇余名の仲間を引き連れ、プレジャーボートでキューバに上陸し、ジャングルに身を潜めながら、ゲリラ*戦法の革命運動を開始したのは、一九五六年一一月のことだった。政府はもちろん軍隊で弾圧しようとしたけれど、民衆に支持されたゲリラは、大きな勢力になって、ついにバティ

「モーターサイクル・ダイアリーズ」
二〇〇三年、アメリカ／イギリス映画、監督ウォルター・サレス。（本）エルネスト・チェ・ゲバラ（棚橋加奈江・訳）『チェ・ゲバラ　モーターサイクル南米旅行日記』現代企画室。

ゲリラ
小さな部隊に分かれて、襲撃や待ち伏せなど敵の弱点をつきながら圧倒的に力の強い敵と戦う非正規の戦闘組織。アジアやアフリカの植民地解放闘争で活躍した。

スタ政権を倒してしまうんだ。
こうして、キューバ革命が成功すると、ラテン・アメリカ中にキューバに続けという機運が広がっていった。各国で、武器をもってジャングルや山岳地帯に根拠地を作り、ゲリラ戦法による革命運動が組織されていった。ボリビアでも、そうだよ。軍事政権に反対するゲリラ*が組織され、それにキューバからチェ・ゲバラも参加した。でも、ＣＩＡ*が派遣した軍事顧問団の指導をうけたボリビア政府軍によって捕らえられ、殺されてしまうんだ。

もともとゲバラは、アルゼンチン*の人なんだ。それが、キューバの革命に参加し、ボリビアでゲリラ活動の最中に死んだ。この時代のラテン・アメリカには、「ラテン・アメリカはひとつ」だという考え方が広く支持されていて、国境をこえて他国の革命にも参加するという意識が濃厚だったんだね。こうして、キューバにつづいて、ニカラグア*などでも武装革命による社会変革が実現していったんだ。

CIA
アメリカ中央情報局。アメリカ大統領の情報機関。他国への陰謀や暗殺などの秘密工作にも関与した。

アルゼンチン
南アメリカの国。人口は約三九〇〇万人、首都はブエノスアイレス。

ニカラグア
中央アメリカの国。ホンジュラスとコスタリカに挟まれ、人口は約五四〇万人、首都はマナグア。一九七九年にサンディニスタ民族解放戦線による武装革命に成功。しかし、一九九〇年、同政権は選挙に敗北して終わった。

しかし、ゲリラ戦法は、だんだんと悲惨な事態も引きおこしていった。政府の治安部隊とゲリラとの戦いに貧しい先住民の農民たちが巻き込まれ、ものすごい数の犠牲者を出した。ゲリラによる革命運動は農民から敬遠されていった。その上、マルクス主義が大嫌いなアメリカ合衆国が、各国の軍隊に対ゲリラ戦法を教えたから、ゲリラ戦法も効果が薄れ、力を失っていった。

しかし、それに代わって、近年、虐げられてきた先住民や貧しい人びとが連帯して、選挙をとおして政治を変えようという動きが活発になっている。アメリカ合衆国が推し進める経済のグローバル化*が、ラテン・アメリカの貧しい人たちをいっそう苦しめているという危機感がその背景にある。

なかでも特徴的な動きのひとつは、先住民が自己主張し始めたことだ。その象徴的な出来事は、なんといっても、この映画の舞台となったボリビアで、セバスチャンと同じアイマラ人の血を引くエボ・モラレス*氏が二〇〇五年に大統領に当選したことだろうね。この映画で先住民の農民たちが着ていた民

経済のグローバル化
(Globalization)
冷戦の崩壊以後、世界経済が統一市場を形成し、資本が国境を越えて瞬時に流動する傾向が強まっていること。

エボ・モラレス
(Evo Morales)
一九五九年〜。ボリビアのアイマラ農民の子どもとして生まれる。政治家。二〇〇五年の選挙でボリビア大統領に。

族衣装があっただろう。原色の鮮やかな衣装だったよね。その衣装を着てモラレス大統領は就任式に臨んだんだ。それはもう圧巻だったよ。

スペインに征服されて以来、ひどい扱いを受けてきた先住民たちが、本格的に民族意識に目覚めて、政治の表舞台に登場してきた瞬間だった。思えば、長い道のりだったんだね。

さて、映画のラストシーンは、とても印象的だったね。村人の前で死のダンスを踊りながらセバスチャンは死んでいった。村人たちはかれの死を悼んでお葬式をしてやるんだ。その長い葬列の後を人知れずついていくひとりの男の後ろ姿がある。カメラはゆっくりとその男の顔を撮すんだ。おどろいたことに、その男は今死んだはずのセバスチャンだった。映画はそこで終わる。

この映画が日本で公開されたとき、この最後のセバスチャンの映像が何を意味しているかで議論が起こったんだ。ある人は、これは虐げられてきたアイマラの人びとのうらみつらみを背負ったセバスチャンの亡霊だといった。

また、別の人は、いやそうではなく、まっとうなアイマラ人として生まれ変わったセバスチャンなんだといった。ナニはどちらだと思った？

しかし、今なら、それははっきりいい切ることができると思うよ。それは亡霊なんかじゃなくて、誇りある先住民として生まれ変わったセバスチャン、いやアイマラの人びと全体を象徴するイメージだったとね。ボリビアに生まれた新しい大統領も、きっとそのひとりなんだとおとうさんは思うな。

第三夜

「アルジェの戦い」をみて話す
独立を求めて民族は闘う

「アルジェの戦い」
一九六六年、アルジェリア／イタリア映画、ジロ・ポンテコルヴォ監督
DVD発売元：アイ・ヴィー・シー
価格：三九九〇円

今夜の映画は、すっごくショッキングな映画だった。だって、この映画の主人公はフランス政府に対してアルジェリア*の独立を要求するテロリスト*。映画は、かれが行なうテロを、善悪の判断はせずにまるでドキュメンタリー映画みたいに描いている。テロをする側が悪人で、それを防ぐ側はヒーローなんて、お子ちゃま向けのマックシェイクみたいなハリウッド映画とは一コ格が違うって感じ。おとうさんは、かなり政治的に成熟した大人向けの映画を選んできたな。でも、今のアメリカの一般国民にこの映画見せたら、テロを認めるような映画は良くないって怒り出すかも。実際、この映画がイタリアのヴェネチア映画祭*で初上映されたとき、フランスの映画関係者はいっせいに抗議の退席をしたっていうから。

ところが、この映画はヴェネチア映画祭でグランプリを取ってる。ということは、テロで一般市民の命がたくさん犠牲になっても、民族の解放とか植民地の独立を実現することが重要だっていうことなのかな。

アルジェリア
北アフリカにあるアラブ諸国のひとつ。人口は約三二一〇万人、首都はアルジェ。

テロリスト
恐怖を引きおこすことで、政治的な目的を達成しようとする人びとその組織。

ヴェネチア国際映画祭
イタリアのヴェネチアで毎年、夏に行われる国際的な映画祭。最優秀の作品に金獅子賞が贈られる。

おとうさんはこの映画で、ナニに民族と独立の問題を考えさせようとしているんだと思う。

この映画は、イタリア人の監督が制作したんだけれど、撮影は、アルジェリアの首都アルジェにある、カスバと呼ばれる地区でロケされている。この地区は独立以前、貧しいアラブ人たちが密集して暮らしていた地区だった。民族の独立を勝ち取ったアルジェリア人の誇り高い戦いを描いた映画だから、撮影にはたくさんのアルジェリアの市民たちが協力したそうだ。

このカスバで生まれたアラブ系の青年アリが主人公だ。かれは、最初、定職もなくお金もなく学歴もないお先真っ暗な男だった。かれは、白人居住区に出かけては街角で違法な賭博をしては日銭をかせいで暮らしていた。そんなかれが白人の青年をなぐって警察につかまり刑務所に入ったとき、独立運動の闘士がギロチン*で死刑にされるのを目撃するんだ。そのあと、かれはア

ギロチン
一八世紀の終わりにフランスで正式に採用されていた死刑執行装置。鉄の刃が滑り落ちてきて首をはねる。

ルジェリア人としての民族の誇りに目覚めるんだ。そして、地下抵抗組織のメンバーとして、カスバを拠点にして白人居住区でつぎつぎとテロを実行していく。テロの目的は、当時、アルジェリアを植民地として支配していたフランス系白人に、アルジェリアをこれ以上植民地として支配することは不可能だということを思い知らせ、交渉の場に引っ張り出すためだった。FLN*と呼ばれる地下組織は、最初は、白人の警察官や軍人など、アルジェリアを支配するフランスの手先たちをピストルで殺害していく。しかし、取り締まり当局の弾圧がエスカレートするにつれ、FLN側もテロをエスカレートしていくんだ。そして、最後には、当時最新式の時限装置のついた高性能プラスチック爆弾*を仕掛けて、白人居住区にあるカフェやダンスホールなど白人のたくさん集まる場所をつぎつぎと爆破していった。

アリたちのテロに対して、もちろんフランスの現地政府はだまっていない。インドシナ戦争*にも参加した精鋭の落下傘部隊*を投入して、弾圧を強めて

FLN（Front de Libération Nationale）
アルジェリア民族解放戦線の略。

プラスチック爆弾
第二次世界大戦でアメリカ軍が開発した高性能爆薬のひとつ。粘土のように自由に成形できる。

インドシナ戦争
敗戦による日本の撤退後、一九四六年から五四年にかけて、ヴェトナム民主共和国の独立のために、それを阻止するフランスとの間で起こった戦争。ディエンビエンフーの戦いに敗れ、フランス軍は敗退した。

いった。落下傘部隊は、拷問による自白の強要など人権無視の方法でテロリストの撲滅作戦を始めるんだ。イラクで、アメリカ軍がやったのと基本的にはよく似ているね。それに対して、地下組織も徹底的に戦っていく。でも最後には、地下組織のリーダーは逮捕されたあと獄死してしまい、ただひとり残った主人公のアリも、隠れ家もろとも爆破されてしまう。落下傘部隊が勝利し、テロリストは敗北したんだ。そこで映画はおしまいだと思っていると、突如、大勢のアルジェリア人の群衆が独立のために立ち上がって街中に繰り出していくシーンが挿入される。群衆の行進は誰もそれをとめることはできそうもないほどの勢いなんだ。そして、独立を勝ち取る。映画はそこで終わるんだ。ようするに、カスバでのテロは鎮圧されたけれど、フランス政府はアルジェリア人の独立を止めることはできなかったんだよ。

さて、おとうさんがナニにこの映画を見せたのは、テロについてだけ考えてほしかったわけじゃない。この映画が封切られたとき、人びとの関心は、

落下傘部隊
フランス空軍の中でも精鋭の特殊部隊とされる。インドシナ戦争にも参加した。

爆弾テロに集まったんじゃないんだ。アルジェリアの人びとが、フランスの植民地支配にいかに苦しんでいたか。どれほど独立を望んでいたか。そして、独立のためにどれだけの覚悟をして戦ったかに高い関心が集まったんだよ。

テロ自体は良くないことであったとしても、植民地からの解放と民族の独立の達成というテーマは、崇高な価値を持っているということだった。それは、この映画が封切られた一九六六年という時代に生きた人たちの共通の認識だったんだろうね。

ナニは、聞きたいことがあったの。植民地からの解放とおとうさんはいったけれど、そもそも植民地ってなんなの。昨夜の映画でも、ラテン・アメリカがスペインの植民地にされてとても苦しんでいたとおとうさんに説明されたけれど。第二次世界大戦以前は、イギリスやフランスなどヨーロッパの多くの国が世界各地に植民地をもっていたって聞いた。それから、朝鮮半島や台湾も日本の植民地にされた時期があったって、金さんが教えてくれた。

そもそも植民地とは何かっていう問題は、実は、いろんなテーマを含んでいるんだ。たんに国際間の政治経済の問題だけじゃなくて、宗教とか文化とか、さらにもっと大きく文明のあり方をめぐる非常にひろーい問題を含んでいるんだ。

近代のヨーロッパの国々が海外に植民地をもとうとしたことには、いろいろな理由があった。まず、増え続ける人口をまかなう農地を探していた。アメリカ大陸やアフリカ大陸には、まだまだ未開拓の土地があるようにヨーロッパ人には見えたから、そこに移住すれば増えつづける人口を収容することができるにちがいないと考えた。太平洋戦争に負けた日本が、食料が足りないので、海外移住者を送り出すことに熱心だったというのと似ている。植民地を「民を植える土地」と書くのは、このあたりに由来するんだ。

しかし、移住するだけが植民地をもつ理由ではなかった。ヨーロッパが支配した植民地の多くでは、発展する本国の工業のために原材料を供給したり、本国の人びとが消費するための農産物を生産することが多かったんだ。その方がずっと利益になったからね。ヨーロッパの国々は工業化時代にはいっていて、その工業をささえる原材料が必要だったし、また、それを買ってくれる人が必要だった。だから、ヨーロッパの国々は、アジアやアフリカの地域を植民地にして、現地の人びとを労働力として安い賃金で使役して、地下資源を採掘した。また、プランテーション*という大規模な農場で単一の農産物を大量に生産して、それらを工業の原材料として本国に送った。そして、その反対に、本国の工業が生産した製品を植民地の人びとに買わせた。ヨーロッパの国々にとって、植民地は自国の工業を発展させるために重要な意味をもったんだ。

一方、植民地にもとから住んでいた人びとにとっては、自分たちの土地の

プランテーション
近代工業の生産様式をまねて、大規模な資本を投入し、熱帯・亜熱帯地域で現地の先住民などを使役し、大規模に開発された農場。コーヒー、天然ゴム、サトウキビの栽培など。

資源が不当に安い値段で一方的に持ち出され、不当に安い賃金しか支払われない労働に駆り出されることになった。近代の資本主義社会を知らない人びとにとって、自分の労働を賃金に変えるという経験はそれまでなかったから、白人たちにだまされて、ほとんど奴隷のような労働を強いられる人たちも少なくなかったんだ。

当時、アジアやアフリカでは、近代的な国家のしくみをもっている地域は少数だった。しかし、そのような近代国家が作られる以前にも、もちろん、その地域を治めるしくみはあった。たとえば、東アジアでは、中国の歴代の皇帝が周辺地域をふくめて支配していたし、日本にも、幕府という支配のしくみがあった。アフリカには、イスラム教の教えにもとづくいくつもの王国があったし、首長と呼ばれるリーダーが支配するもっと規模の小さな部族社会*もあった。

しかし、近代工業によって軍事的にも経済的にも強い力を持ちつつあった

部族社会
本来はいくつかの氏族集団が集まってできた社会のことを指す。しかし、民族と区別して、未開な社会の場合に好んで「部族」という言い方をすることが多く、差別を含んでいる。

ヨーロッパの国々は、これらアジアやアフリカの地域にも進出し始めた。最初は、先住の支配者に対して、貿易をする権利を要求したり、鉄道の独占的営業権を認めさせたり、軍隊を駐留させることを認めさせたりするだけだったけれど、だんだんと政治に口を出すようになり、現地の王様や首長から実質的な権力を奪ったあと、その威光を使って支配するという間接支配の形をとるようになった。そして、最後には、本国から総督や民政官を派遣して直接支配するようになった。こうして、つぎつぎとアジアやアフリカの地域をヨーロッパの支配に組み込んでしまったんだ。

ヨーロッパで植民地を経営した大国にはどんな国があったかというと、一八世紀まではスペインとポルトガル、一九世紀以降は、イギリス、フランス、オランダが大きな勢力をほこった。その他にも、ドイツ、イタリア、ベルギーなどの国々も植民地をもっていた。ヨーロッパ以外では、二〇世紀に入ってアメリカがフィリピンを、日本が朝鮮をそれぞれ植民地にしていった。

ところで、植民地獲得で競争関係にあるヨーロッパの国同士で、植民地のぶんどりをめぐって争いが起こった。争いの結果、武力衝突になった場合もあるし、外交交渉で境界線を決めた場合もあった。いずれにしても、現地の人たちの生活の都合というより植民地を支配する宗主国の都合で、植民地の境界を決めていったんだ。そして、境界が決まると、植民地は宗主国の海外領土とされ、宗主国の主権が及んだ。そこに住んでいる人たちは、理論では自動的に宗主国の国民と同等の権利をもつ国民となるはずだったけれど、実際はそうならず、本国とは別の法律で統治するやり方が行なわれた。本国では、民主主義の政治が行なわれていながら、植民地では、住民の政治参加がほとんどできないような法律が敷かれている場合が多かった。

さて、ここからが今夜の映画に関係してくる部分なんだけれど、フランスの場合、本国も海外の植民地も等しくフランスの領土だという建前があったけれど、それはあくまで建前だけで、他のヨーロッパの宗主国と同じように、本国の民主主義は海外領土にはほとんど及んでいなかった。アルジェリアの場合もそうだった。

アルジェリアにフランス人が進出を始めたのは、一九世紀に入ってからだ。しかし、それ以前は、イスラム教のオスマン帝国*が統治していた。そして、そこではアラブ人や遊牧民のベルベル人*が生活していた。このアラブ人とベルベル人の関係はさらに七世紀にさかのぼるんだ。土着の遊牧民ベルベル人が住んでいた土地に、七世紀ころにイスラム教を信じるアラブ人がやってきて、イスラム教を広め、共存するようになっていった。

しかし、オスマン帝国の勢力が弱まってくると、それに代わってフランスがこの地域に勢力を伸ばしてくるようになった。そのきっかけは、一八三〇年、フランス国王シャルル十世*の軍隊が武力侵攻したことだ。それ以降、フランスによる支配が進み、フランス系白人の人口が急増していった。そして、一八七〇年には現在のアルジェリア地域の全体が完全にフランス領となった。

オスマン帝国
一四世紀から二〇世紀初頭まで、長期にわたって現在のトルコを中心に地中海地域から黒海にまで広がって繁栄した多民族のイスラム帝国。

ベルベル人
北アフリカ地域に古くからすむベルベル諸語を話す先住民族の総称。

シャルル十世
(Charles Ⅹ)
フランス国王。在位一八二四～三〇年。

その後も、フランスからたくさんの入植者たちがアルジェリアに移住してきた。第一次世界大戦が終わったころには、アルジェリアの約一千万人の総人口中、フランス系の白人が百万人も占めるようになっていた。これらのフランス系白人は、本国からやってきた入植者とその子孫たちだった。彼らのうち、大規模な農園を経営してお金持ちになった白人とその子孫はコロン*と呼ばれた。コロンたちが、フランスのアルジェリア支配を実際にになう人たちだった。このコロンたちが残りの九百万人のアラブ系やベルベル系の住民をがっちりと支配していた。アラブ系やベルベル系の住民は、徹底的に差別されていた。第二次世界大戦のあと、アルジェリア議会が設置され、コロン以外の人たちにも参政権が認められるなどの権利拡大がすこしだけ進んだ。でも、その議会は人種別の議席配分になっていて、いつもコロンが有利になるようにできていた。

コロンに牛耳られていてはいつまでたっても救われない。そう思ったアラ

コロン
北アフリカに定住したフランス人植民者。もともとは大土地を所有し農場を経営する者を指した。

ブ系やベルベル系の人びとが中心になって、民族自決の原則を主張する独立運動が起こってくるんだ。

民族自決の原則は、第一次世界大戦のあと、アメリカのウィルソン*大統領が提案した一四カ条の平和原則の中で提唱され、第一次世界大戦後の世界秩序の元となったヴェルサイユ条約の基本原理となったんだ。そして、その流れはヨーロッパ以外でも広く受け止められるようになり、第二次世界大戦後、世界の潮流になった。アジアやアフリカの植民地で、この民族自決の原則にのっとって独立国家になろうという機運が高まっていった。

でも、植民地の独立は、そう簡単にはいかなかった。利害の対立が大きかったんだ。アルジェリアについていえば、コロンたちは、アラブ人やベルベル人に権利をゆずれば自分たちが不利益になることがわかっていたから、自分たちの権益を必死になって守ろうとした。そのためには、アルジェリアが祖国フランスの植民地であり続ける必要があったし、アラブ人やベルベル

*ウッドロウ・ウィルソン(Woodrow Wilson)
一八五六〜一九二四年。アメリカ第二八代大統領。第一次世界大戦の後、一四カ条の平和原則を発表した。

人の権利を制限し続ける必要があった。だからことさらアラブ人やベルベル人を差別し、弾圧したんだ。コロンたちは、フランス本国の白人より、はるかに強く自分がフランス国民だという意識をもっていた。

一方、アラブ人やベルベル人は、自分がフランス国民ではなく、アルジェリアにもとから住んでいた先住民族だという意識を強く感じ始めていた。かれらは人口では多数派なのに経済的、政治的にはコロンたちに支配されている現実を認めるわけにはいかなかったんだ。そのためには、民族自決という世界の潮流に乗って、フランスの植民地から独立することが一番手っ取り早い方法だと考えた。

その結果、この利害の異なるふたつのグループの間に、本国フランスの軍隊も割り込んで激しい流血の戦争が始まった。それが、アルジェリア戦争だというわけ。

ナニは、頭がクルクルとこんがらがってきた。おとうさんは、アラブ人やベルベル人たちは自分たちが先住「民族」だという意識を持つようになったといった。一方、コロンたちは、自分たちがフランス「国民」だという意識を持っていたともいった。おとうさんは、ここで民族と国民というふたつの別々のことばを使っているけれど、ナニが知っている英語でいうと、「民族」もネイション（Nation）で、「国民」もネイションで、同じじゃんか。ところが、日本語では、「民族」と「国民」というふたつのことばを使い分けている。なんだか、ややこしい。民族と国民とは、いっしょのことなの、それとも別々なの？

ネイションを国民と訳したり、民族と訳したりするのは、日本語の面白いところなんだけれど、なぜそういうことになってしまうかというと、もともとネイションという英語のことば自体がいろいろな意味を含んできた歴史を持っているからなんだ。そして、問題がさらにこんがらがってしまったのは、明治時代にそのネイションの訳語として、「民族」という漢語を当ててしまったからだ。その時、日本語の「民族」ということばがもつ雑多な意味も同時に巻き込んでしまったんだよ。

まず、ネイションということばを整理してみようか。

ウィルソンの民族自決原則というのは、ひとつの国には一種類のネイションが住むのが望ましいという原則だったわけだけれど、ウィルソンは、ネイションとは何かについて定義しなかった。当時、ヴェルサイユ条約の会議に参加したヨーロッパの政治家や外交官たちは、ネイションが何を意味するかいうまでもないことだと思っていたのかもしれない。しかし、実は、まったくはっきりしていなかったんだ。

英語のネイションは、ラテン語のナチオ（Natio）に由来することばで、「生まれが同じ人びと」という意味だったそうだ。それが変化してきて、国王が開く議会に参加する資格をもつ人びとを指すことばになり、さらに、参政権が一般の人びとにまで広がっていくにつれ、主権をもつ人びと全体をさす意味に使われるようになっていった。つまり、国民という意味が含まれるようになったんだ。

一方、この国王が開く議会に参加できる資格をめぐって議論がされたとき、その資格として、その人が話すことば、その人の血縁、その人の文化や習慣が、その国独自のものと同じであるべきだ、という考え方が強く支持されたんだ。つまり、イギリスの議会に参加するなら、イギリス人の親から生まれて、英語が話せて、イギリス風の生活習慣を身につけていないと資格がないということ。こうして、ネイションは、文化や習慣、言語が共通な人びととという意味にも使われるようになっていった。

そして、この二系統の意味が合体して、英語のネイションは、血縁、言語、文化が共通し、かつ、ひとつの国家の主権をもつ人びとの集まりという意味で使われるようになった。

日本語の民族は、一応、この英語のネイションに対応する訳語とされている。しかし、現実には、主権があるかどうかとは関係なく、言語、血縁、文化などが同じ人びとのことを民族ということが多い。この場合、民族ということばは、「主権を持つ」という意味とは関係なく使われるんだ。学者のなかには、民族はネイションと同じ意味として使うべきだから、独自の主権国家を持たないけれど独自の言語、血縁、文化をもつ人びとのことは、エスニック・グループと呼ぶべきだと主張する人もいる。

さて話をもどして、ウィルソンの民族自決主義は、だから、独自の言語、血縁、文化を共有する人びとは、ひとつの独自の国家をもつべきだという考え方だったということができる。すこしすっきりしたかい。

当時、政治家や学者の多くが、ネイションを客観的に定義できるという立場をとっていた。その例として、ソ連*のスターリン*という独裁的指導者の定義をみてみたい。スターリンの名前で一九一三年に発表された論文では、ネ

ソ連
ソビエト社会主義共和国連邦。レーニンが指導するボルシェビキ革命によって生まれた世界最初の社会主義国家。一九二二年から九一年まで続いた。現在のロシアの前身。

ヨシフ・スターリン
(Иосиф Сталин)
一八七九〜一九五三年。ソビエト連邦の政治家。対ナチ戦争を指導したが、恐怖の粛正で多くの人びとを殺害した。

イション（もちろん、原文はロシア語だけれどね）とは、言語、地域、経済生活、文化の共通性がつくりだした共通の心理状態を基礎にして歴史的に形作られた、強固な人間の共同体だと定義されている。これをわかりやすく言えば、同じことば、同じ地域の血縁関係、同じ生活習慣や文化をもつ人びとが歴史的に作り上げてきた人びとの集まりがネイションだというんだ。

残念ながら、この程度でネイションの定義がすめば問題はなかった。しかし、現実には、複雑で面倒なことがいっぱいでてきたんだ。たとえば、ことばが同じという条件を取り上げただけでも、問題百出だった。ことばがまったく違う少数の部族がいくつも重なり合って住んでいる、たとえば、東南アジア*のような地域はどうなるのか。インドのように言語、宗教、文化が違う人びとがイギリスというひとつの宗主国に統治されている植民地はどうするのか。歴史的に隣の大国に支配されてきたけれど、言語も文化も宗教も違う人びとが住んでいる地域、たとえば沖縄と日本の場合やウクライナ*とロシ

東南アジア
アジア東南部で、インドシナ半島、マレー半島、インドネシア諸島、フィリピン諸島などからなる地域。

ウクライナ
黒海の北に位置し、ロシアと接する東ヨーロッパの国。首都はキエフで、かつてはソビエト連邦の一部だった。

アの場合などはどうするのか。また、クルド人*のように、国境の両側に同じことばを話す人びとが引き裂かれてしまっているような場合はどうするのか。それだけじゃない。そもそも、ある人たちが話していることばが独立した言語なのか、地方の方言なのか決められないこともある。また、支配者の言語を強制され、それしか話せなくなってしまった人びとはどうなるのか。

結局、独立を求める側、反対する側、それぞれが自分の都合のいいように民族自決原則の解釈を主張しはじめたんだ。

しかし、もとをただせば、ネイションの概念が生まれた近代のヨーロッパでも、ひとつの国のなかで言語、血縁、文化が同じという条件がそろうようになったのは、想像していたよりずっと後のことだった。たとえば、革命が起こった一七八九年のフランスで、フランス語が話せる人は五〇パーセント以下だったという研究もあるんだからね。だから、同じことばを話すという条件ひとつをとっても、ネイションの定義は実に難しいということがわかるだ

クルド人
トルコ、イラク、イラン、シリア、アルメニアなどに分断され、国家を持たない民族。人口は約一五〇〇万人で、独自のクルド語をもつ。独立志向が強く、イラクやトルコなどの政府から幾度も弾圧を受けてきた。

ろう。

むしろ、歴史を丁寧にしらべてみれば、「われわれはひとつのネイションだ」という観念が先にできあがって、その結果、言語や文化が統一されていったというのが事実に近いということがわかってきた。つまり、「われわれはひとつのネイションだ」という思いこみが先行し、それに合わせるように事実が後追いでついてきた。でも、長い時間が経ち、世代がかわるうちに、あたかも始めからそれが存在したと人びとが信じるようになってしまった、ということかもしれない。

おとうさんと同じ社会学者で、アジアの近代国家の歴史を研究しているベネディクト・アンダーソン*という学者は、ネイションは「想像された共同体」なんだと言っている。アンダーソンの言いたいことは、つまり、こういうことなんだ。人間が実感できるコミュニティはせいぜい村とか町内とかのような規模の小さなものに限られる。しかし、人間は実感できないにもかかわら

ベネディクト・アンダーソン（Benedict Anderson）一九三六年〜。コーネル大学教授。インドネシア政治史。

ず国家のような巨大なコミュニティの一員、つまり国民だという意識を持つことができる。そういう意識をもつことができるのは、人間の想像力がさせるんだ。そのためには、いろいろなイメージとか、象徴とかが利用される。

たとえば、アメリカだったら、アメリカ大陸にだけ住む白頭鷲*がアメリカの象徴だろう。アメリカ合衆国が独立したとき、新大陸にだけしかいない白頭鷲を国の象徴に選ぶことで、アメリカ合衆国がヨーロッパの植民地でない、独自の文化をもった誇り高い国であることを国民の共通意識として育てようとしたんだね。でもね、実は、鷲はギリシャ神話のなかではゼウス*の化身で、ヨーロッパの文化では、国を統治する者の印なんだ。そのイメージが新大陸にも無意識のうちに移植されたんだ。その意味で、アメリカ合衆国は、やはりヨーロッパからきた白人たちの国としての性格をすてきれていないともいえる。他にも、たとえば建国にまつわる英雄の物語*とか、国土を描いた地図とか、国民全部が読むような文学作品なんかがネイションの創造に利用され

白頭鷲 (Bald Eagle)
タカ科に属する猛禽。アメリカの国鳥。

ゼウス
ギリシャ神話の主神。

建国にまつわる英雄の物語
たとえば、日本の明治維新における坂本龍馬の活躍の物語、アメリカの独立におけるジョージ・ワシントン初代大統領の「リンゴの木の伐採を告白した」逸話、中国革命における毛沢東率いる八路軍の「長征」物語など。

る。ただし、文学の場合は、言語を統一するという作業が並行して行なわれる必要があるんだけれどね。
人びとをひとつのネイションに結びつけるために、視覚的なもの、感情に訴えるもの、理論的に納得させるもの、といろいろなものが準備されるんだよ。こういうものをとおして、人びとの想像力が発揮されて、人びとはひとつの国家のネイションになっていくというわけなんだ。そして、そういう試みは、世代を超えて、繰り返し行なわれつづける。しかし、たんなる繰り返しではなくて、その時代に合った新しい意味もつけくわえられ、すこしずつ変化していく。たとえば、アメリカで繰り返し放送され続けている「大草原の小さな家」*というテレビドラマなんかはアメリカの建国精神であるフロンティア・スピリット（開拓者精神）を新しい世代に教えるテレビ教科書みたいなものといえるかもしれない。一方、「セサミストリート」*は、アフリカ系アメリカ人やアジア系アメリカ人などいろいろな人種の人たちが仲良く暮

「大草原の小さな家」（原題：Little house on the prairie）
ローラ・インガルス・ワイルダー原作による半自叙伝的小説がテレビドラマ化されたシリーズ番組。

「セサミストリート」（SESAME STREET）
アメリカで制作される、あやつり人形を使った幼児向けの教育番組。

らす、新しいアメリカのネイションの理想を教えるテレビ教科書かもしれないね。

つまり、ネイションは客観的にはじめからあるものでもなく、心の中にだけあるものでもなく、人間の想像力によって歴史的に作り上げられ、実態としても存在するようになったと考えたんだね。

さて、ふたたび映画の話にもどろう。アンダーソンの考え方にしたがって、この映画を考えてみようと思うんだ。

まず、映画の主人公アリたちが想い描くネイションは、フランス人がやってくる以前からいたアラブ人やベルベル人などの人びとによるものだった。だから白人はよそ者だ。

しかし、もし古代のベルベル人がそのとき生きていたとしたら、きっとアラブ人はよそ者だから、自分たちのネイションには含めないと考えたかもしれない。でも、一九五〇年代という時点では、すでにアラブ人もベルベル人も自分たちはひとつのネイションの仲間だと互いに納得することができたんだね。

これに対して、アルジェリア生まれのコロンたちは、アルジェリアが生まれ故郷にもかかわらず、かれらの想像の世界では、自分たちがフランスのネイションの一部だと確信していたんだね。

コロンたちは想像の世界でフランス人をやっていたもんだから、現実のフランスに住む白人より、はるかにフランスに対して思い入れが強くなってしまったのかもしれない。考えてみれば、想像の共同体としての国家の方が、現実の国家よりも、はるかに人間の感情を揺さぶるのかもしれない。だから、このふたつの対立したネイションを想像する人びとの間の争いも、妥協の余地のない壮絶なものになっていったんだろうね。

この映画が公開されてから、もう半世紀が経とうとしているの。独立を達成したアルジェリアはどうなったんだろうか。ナニは、おとうさんの話を聴いたあと、ネットで現在のアルジェリアについて調べてみた。そして、悲しい事実を知ったの。今もアルジェリアでは戦いが続いているんだって。でも、今は、イスラム教の教えのとおりに国家を建設しようと考えているイスラム原理主義*のグループと、独立を達成したFLNをクーデターで倒した軍人たちのグループとの争いになっている。

映画を観ていたら、主人公のアリもそうだけど、アラブ人たちがイスラム教徒だということは、それとなくわかった。でも、映画はけっして独立運動家たちがイスラム教の教えにもとづく国家を建設しようとしているとは描いていなかったと思う。でも、現在の争いの一方は、あきらかにイスラム原理主義のグループなんだ。これが今の世界なんだなあとナニは思う。

争いは、一九九二年に総選挙が行われ一気に解決するかに見えた。そして、

イスラム原理主義
コーランの教えを絶対化し、そのとおりに古代イスラム共同体の復興をめざす「イスラム復興運動」を非イスラムの人びとは過激な思想運動だととらえ、「イスラム原理主義」と呼ぶ。

選挙で勝利したのは、イスラム原理主義のグループだった。すると、選挙の直後、軍人がまたクーデターを起こして政権を取ってしまった。その結果、今度はイスラム原理主義グループによるテロが頻繁に起こるようになっている。

歴史は車輪のようにくるくると回転していくんだね。アルジェの人たちの苦労はこれからも続いていくのだろうね。考えてみれば、ただ独立するだけじゃ植民地からの真の解放は達成できないんだ。植民地支配によって失われた莫大な資源や残された貧困の問題を解決しなければならない。そのために、国際社会が、植民地という負の遺産を背負った人びとにしっかりと支援の手を差し伸べない限り、新しいタイプの植民地に形を変えるだけで終わってしまんだ。アルジェリアの現実がそのことをよく物語っているとおとうさんは思うな。

第三夜の翌日
お見舞いにきたエリカちゃんがナニに話したこと、あるいは、プロムをめぐる事件の顛末

ナニが、ホノルル空港でひっくり返って脚の骨にひびが入って、一週間もベッドから離れられないってうわさは、もうすでに世界中に広がっているの。世界中っていえばちょっとおおげさだけど、ナニの留学生の友だちは、夏休みでそれぞれのふるさとに帰っていったから、まあ世界中に広まったっていってもウソじゃない。

だって、こんなベッドに一日中しばられているんだから、午後はずっとインターネットで友だちとチャット*してるんだもん。韓国に帰った子は同じ時間だし、メイン（アメリカ本土）に帰った子は夜だし、オーストラリアに帰った子

*チャット
インターネットを経由して、複数の参加者が共通の画面で文字情報をリアルタイムでやりとりする通信方法。

もだいだい同じ時間だから。それで、みんなナニの怪我のこと心配してくれてるの。

で、四日目のお昼、エリカちゃんがお見舞いにきてくれた。エリカちゃんはおとうさんが日本人で、おかあさんがオーストラリア人。おとうさんがオーストラリアでお仕事しているときに知り合って結婚して、エリカちゃんが生まれた。そのことは、すでに話したよね。今、エリカちゃんは日本に住んでいて、インターナショナル・スクールで勉強してるの。

エリカちゃんとは、大の仲良し。エリカちゃんは、なんにでも興味があって、やりたいことはどんどんやる女の子。そこのところは、ナニと同じかもしれない。でも、すっごく美人で、男の子にもてる。そこは、ナニはかなわない。ナニもボーイフレンドいるけれどね。

うちは両親が共働きだから昼間は留守。だから、玄関の鍵をあけるのが一苦労だったけれど、昔読んだ絵本のはらぺこアオムシみたいにずりずりと廊下をはっていって、やっとのことでドアをあけた。すると、エリカちゃんは、大きな紙袋をさげて立っていた。「エリカちゃんをこんなに下から見上げるのは初めてね。大きくなったね」なんていって、二人してさっそく大笑い。その紙袋の中身はというと、おかあさんが焼いたご自慢のパイだった。うちのおかあさんは、パイなんて自宅で焼くなんてことはほとんどないんだけれど、エリカちゃんのおかあさんは、オーブンを使うのがとても上手。ナニが遊びに行ったりしたときも、いつもオーブンで作ったごちそうを食べさせてくれる。だから、ナニは、エリカちゃんのおかあさんのパイも大好き。へへへ。運動しないでパイなんか食べたら太るかな。

エリカちゃんとふたりで、さっそくそのパイをパクつきながらつもる話をしたってわけ。ナニのハワイの学校の話。エリカちゃんの学校の話。友だちのこと、男の子のこと、音楽のこと、ファッションのこと。エリカちゃんがあけたふたつ目のピアスのことなんかも話した。ナニも高校に入ったときひとつ目のピアスをあけたけれど、まだおかあさんはふたつ目を許してくれない。だからエリカちゃんがちょっとうらやましかった。

でも、ナニが一番ききたかった話は、そんなことじゃなかった。ナニが一番ききたかったのは、エリカちゃんが起こした事件のことだった。そのせいでエリカちゃんは停学処分になったらしいの。エリカちゃんの起こした事件についても、もう世界中にうわさが流れていて、みんなその事件の真相をとっても知りたがっている。だから、エリカちゃんからまずその話をきかなくっちゃと思った。でも、そういうナニの気持ちは見透かされてたみたい。むしろ、エリカちゃんから話してくれた。その事件はこんなことだった。

エリカちゃんが通っているインターナショナル・スクールには、エリカちゃんのような日本人のおとうさんと英語を話す外国籍のおかあさんとの間に生まれたダブルの子どもも勉強しているし、アメリカやカナダ、オーストラリア、シンガポールなど英語を話す国から日本に仕事でやってきた外国人の夫婦の子どももたくさんいる。でも、学校の教育方針はまったく北米式。新学期が始まるのは長い夏休みのあとの秋だし、教科書もすべて北米で使われているものを取り寄せている。授業だけじゃなくて、それ以外の学校行事もみんな北米の学校の習慣にならってやっている。

なかには日本の高校生にはなじみのない行事もある。たとえば、プロム*って知ってる？　日本の高校生にはわからないかもしれないけれど、北米のハイスクールの生徒にとって、プロムはすっごく重要な学校行事なの。重要だけじゃなくて、とっても深刻ななやみの種でもある。だって、男の子から誘われるかどうか、気になっちゃうんだもの。ふだんは男の子のことぜんぜん気にしてないナニでも、プロムが近づいてくるとそわそわしちゃう。だって、それが、乙女ごころってもんでしょ。プロムというのは、最終学年の生徒のための卒業祝いパーティのこと。みんなきちっとパーティ用の正装をして出席する。もちろん、

プロム
プロムナードの略で、アメリカやカナダのハイスクールで学年末に開かれるフォーマルなダンスパーティ。

卒業する男の子たちの中には、後輩の女の子から意中の人を誘う子もいる。だから、在校生の女の子たちにとっては、だれが誘ってくれるのか、それとも誰も誘ってくれないのか、とっても気になるの。

ナニは幸運なことに、ソフマー（日本では高校一年生に相当）とジュニア（日本では高校二年生に相当）と連続で誘われた。ふつうソフマーでプロムに誘われることはまれなんだけれど、ナニのボーイフレンドがプロム・コートっていう、卒業生を送る在校生側の代表に選ばれたので、ナニはそのパートナー役で出席することになっちゃった。みんなから、「どうしてナニが!」ってすっごくうらやましがられた。で、それをおとうさんに話したら、ナニ以上に興奮してとても素敵なドレスを買ってくれた。ハハハ。これは自慢話かな。

エリカちゃんの学校でも、プロムのシーズンが迫っていたの。エリカちゃんは、とても美人な女の子だし、きっと誰かが誘うにちがいないってみんな思ってた。でも、そういう女の子は意外と誘われないものなのよ。だって、男の子って、たいがい傷つきやすいプライドのかたまりなんだから、断られる可能性が高そうな女の子には、はじめっから声かけられないんだもんね。

でも、ひとり声をかけた男の子がいた。親が日本に進出したアメリカの金融関係*の会社のエリート社員で、メインからやってきた男の子。その子がエリカちゃんをプロムに誘った。エリカちゃんも、その男の子のことはわりと気に入ってたから、とりあえず誘いを受けたの。で、ドレスや靴を選んだり、ヘアメイクの予約したり。ま、エリカちゃんもその辺はふつうの女の子だなあってナニも感心するくらい、律儀にうきうきとプロムを待ってたわけ。

ところが、プロムの直前になって、突然、その男の子が、メインからきた他の白人の女の子とつれだってエリカちゃんの前に現れた。それで、いうにもことかいて、実はこの子が本命だったんだ。だから、プロムに誘ったのは帳消しにしてくれって、エリカちゃんにしゃーしゃーと言ったの。

その夜のエリカちゃんは人生最悪だったと思う。ナニにもわかる。だってエ

日本に進出したアメリカの金融関係
小泉政権の金融緩和政策によって、欧米の銀行や証券会社が大量に日本に進出した。

リカちゃんほどの美人は、そんじょそこらにはいないから、その分だけプライドも体面もぼろぼろって感じかな。

でも、エリカちゃんは、黙ってなかった。次の朝、涙のあとをすっきりと洗い落とし、それから、いつになくばっちりと完璧メイクして、プロムにきていくはずだったドレスと靴を身につけて、ようするに戦闘体制を整えて学校にいったの。そして、ふった男を呼び出して、まっすぐに目をみつめて、おもむろに思いっきりこぶしを引きしぼってから、その男の顔面に強烈なげんこつパンチを一発浴びせたの。男の子は、ぶっとんだらしい。それを見届けてから、エリカちゃんはそのまま学校をでてまっすぐに家に帰っちゃったんだって。

すごい。エリカちゃんやる。ナニは、この話をきいて胸がすっきりした。ナニの学校にもメインからきたこういうエリートぶってるいやーな感じの白人の男の子ってたしかにいるから。それをぶっとばしたエリカちゃんは、女の道からいっても完全に正しいと思う。

先生たちもエリカちゃんに道理があると思ったんだと思うよ。学校で暴力事件を起こすと停学処分が決まりなんだそうだけど、エリカちゃんが停学になったのは、たった一日だったから。先生たちも内心ではエリカちゃんに拍手したんじゃないかな。とりわけ女の先生たちはね。

その白人の男の子がもしエリカちゃんがダブルだからって軽く見たのだったら、もっと最低だと思う。ナニの考えはこうなの。

ナニの住むハワイは、アメリカでは例外的に民族の違う人同士の結婚が多い州なので、ダブルどころかトリプルとかいっぱいいるけれど、アメリカ本土はそうじゃない。とくにアジア系の人口はまだ数パーセントにも満たないし、それも西海岸にかたよってる。だから、東海岸あたりではアジア人自体を見ることもすくないだろうし、ましてダブルの子を見ることはもっとすくないんじゃないかなあ。そういうわけで、メインからきた男の子が、ダブルのエリカちゃんを軽く見るようなことがもしあったとしても、けっして不思議じゃないと思った。

だから、もしそうだったとしたら、エリカちゃんからきつい一発をもらったのをチャンスだと思ってしっかりお勉強してもらわなくっちゃ。アジアはそんな甘いとこじゃないよって。

第四夜
「ぼくの国、パパの国」をみて話す
人びとが移動する「ひとつ」の世界

「ぼくの国、パパの国」
一九九九年、イギリス映画、ダミアン・オドネル監督　DVD発売元：キングレコード
価格：四九三五円

すっごく頑固で自分勝手なおとうさんの映画だった。イギリスに移民したパキスタン人のおじさんとイギリス生まれの白人のおかみさんと、七人の子どものお話。もともと演劇のための脚本を映画にしたんだって。脚本家自身の家族がモデルらしい。一九七〇年代のマンチェスター*の労働者街が舞台。イギリスの労働者って、こんな煉瓦造りの長屋って感じの家に住んでるんだ。知らなかったよ。

このパキスタン移民のおじさんは、フィッシュ・アンド・チップス*の店を一家で切り盛りしている。フィッシュ・アンド・チップスっていっても、日本の子が、このことばから想像する食べ物とは相当違うと思うよ。ようするに、白身のでっかい魚のフライにお酢を掛けた庶民の手頃なファストフード。日本でいえば、ラーメンってとこ。

でも、このおじさん、とても信心深いイスラム教徒で、息子たちの気持ちとは関係なしに、同じパキスタン移民の知り合いからつぎつぎと結婚相手を探し

マンチェスター
イングランド北西部の工業都市

フィッシュ・アンド・チップス（fish and chips）
イギリスの代表的B級グルメ。タラなどの白身魚をフライであげ、ジャガイモのフライを添えた料理。

て連れてくる。でも、息子たちのおかあさんはイギリスの白人で、かれらもイギリスで育ったダブルだから、おとうさんのことは尊敬しているけど、結婚相手は自分で決めたいとみんな思ってる。で、長男は、結婚式の会場から逃げた。でも、それに懲りず、おとうさんは次男と三男の結婚相手を連れてくる。さあ大変。お見合いの場面は、はらはらどきどき。そんな問題一杯のファミリー・ドラマ。おとうさんは四夜目にして初めてナニが観ても面白いなあと共感できる映画をみせてくれた。

でも、すごくユーモアたっぷりの映画だったけど、内容はけっこう重かったよ。脚本を書いた作家の子ども時代に実際あった経験が元になっているんだって。おとうさんは移民する前の文化や習慣を絶対に変えない誇り高いおじさん。移民した後に生まれた子どもたちはそれに反発する。これ、どこの国の移民の家族にも当てはまるテーマだと思う。ここでは、たまたまイスラム教徒のパキスタン移民の家族だったけど。

ようするに、お父さんは、今夜は移民の話をしたいわけね。でも、考えてみれば、ナニだって、もし将来アメリカで生活することになれば、移民一世ってことよね。でも、ナニはこんなにわからず屋の頑固オヤジじゃないと自分では思ってるけど、けっこう頑固な母親になるかも。ハハハ。身につまされちゃうかな。

そう、ナニの想像したとおり、今夜は移民の話をします。昨夜までは、植民地がどうしてできたのか、それから、植民地の下で苦しんできた民族がどのようにして独立を手に入れたのかというお話をしてきた。

今日は移民の話をするんだけれどね。移民というのは、ようするに労働力が国際間で移動すること。なんていうと、味も素っ気もないけれど、まず、それを念頭においてほしい。つまり、仕事のないところから仕事のあるところへ労働者が移動していく現象。でも、この移民という現象が、世界のあちこちで民族と民族の出会いや衝突を引きおこしたんだ。だから、現代世界の民族の問題を考えるときに、移民という現象を抜きに考えることはできないんだ。そこで、おとうさんは、移民社会をテーマにした映画を今夜は取り上げることにしたんだ。

移民はふたつの側面*からみると整理しやすい。ひとつは、受け入れる側の事情。もうひとつは、移民を送り出す側の事情。受け入れる側に仕事や土地があって人手が足りないという事情があると、移民がその土地に集まりやすい。一方、送り出す側の事情としては、労働力が余っているのに仕事がないとか、賃金が安いといった事情があると、その土地から移民が送り出されやすい。こういう経済的な事情が根底にある。

でも、それだけじゃないよ。たとえば、受け入れ側の社会の文化や習慣、宗教などが送り出す側のそれらと似ていると移民しやすい。また、歴史的に海外に出稼ぎにでることがその社会のひとつの生活パターンになっていると

ふたつの側面
プッシュ要因とプル要因。移民を送り出す側の社会的条件と移民を受け入れる側の社会的条件。

ころは、すでに海外に移民している親戚や家族がいたりするから、それをたよって移民が連鎖のように続いていくということもある。これをチェーン・オブ・マイグレーション*っていうんだ。日本では、沖縄がそのような文化をもっている土地のひとつだよ。

また、送り出す側に戦争や社会不安がある場合も、難民という形の移民がでていく原因になる。たとえば、香港がイギリスから中国に返還された*とき、香港で働く多くの中国系のビジネスマンたちが海外に移民した。というか、移民資格をとって、家族を海外に移住させ、自分は香港で仕事を続けた。なぜ、こういうことになったかというと、中国は共産主義の国だというので、もし中国が香港を統治したら、ビジネスがしにくくなるんじゃないかと考えたからなんだ。

反対に、たとえ仕事や土地があっても、政治が不安定だったり治安が悪かったりすると、その土地は移民からは敬遠されたりする。だから、移民と

チェーン・オブ・マイグレーション
(chain of migration)
移民の連鎖。特定の地域からの移民が、親族や知人のつながりを通してつぎつぎと移民先の社会に移住していくこと。

香港がイギリスから中国に返還された
一九九七年にイギリスの租借地と割譲地が中華人民共和国に返還された。

いう社会現象は、たんに経済的な事情だけで説明しきれるものじゃないんだ。

アメリカという国は移民国家だっていうだろう。それはどういう意味だったかというと、一八世紀には、アメリカには広い土地があって農業という仕事があった。ヨーロッパには働き手が余っていた。そこで、土地をもとめてたくさんの移民がアメリカに渡った。これが工業の話だったら、今の日本と中国の関係のように、比較的働き手が余っていて、賃金の安い中国に工場を移してしまうというやり方もできるかもしれないけれど、農業をする土地をヨーロッパにもっていくことはできないからね。そこで、働き手がヨーロッパからアメリカへ移動した。

こういうタイプの農業移民には、たとえば、イギリス人が海外の植民地につぎつぎと開いた農場で働かせるために、イギリスが支配していた植民地からインド人を南アフリカ*やフィジー*に運んだように、植民地同士の間で人間が移動したような場合もある。ナニが知っているハワイの日系人は、ハワイ

南アフリカ
南アフリカ共和国、アフリカ大陸最南端に位置する国。ダイヤモンドの産出国として有名で、過去に人種隔離政策（アパルトヘイト）をとっていた。首都は、ケープタウン、人口は約四二七〇万人。

フィジー
オセアニアの国で、メラネシアとポリネシアの境界に位置する。太平洋の十字路と呼ばれ、イギリスの植民地総督府があった。一九七〇年に独立。首都はビティレブ島スヴァ。先住民系とインド移民系が人口を二分し対立している。

にサトウキビ農園をもつアメリカ系白人の資本家が募集して、その農園で働くために多くの日本人がハワイに渡った。今の日系人のおじいさんやひいおじいさんの世代は、サトウキビ農園で働く農業労働者だったんだ。

しかし、移民にはこれと別方向の移民もある。それは、植民地から宗主国への労働力の流れなんだ。昨夜もいったように、植民地は宗主国に経済的に支配されていたから、そこに住んで働いている人たちの賃金は安いし、労働条件も厳しかった。だから、すこしでもよい労働条件と賃金を求めて、植民地の住民たちが宗主国、それも仕事がありそうな大きな都市に流れ込んできたんだ。

植民地が公認されていたときは、公然と法律にもとづいて植民地の人びとが宗主国に働きにきていた。宗主国には、近代的な工場があって、そこで働く労働力が必要だったという理由もある。また、都市を建設するために安い労働力が必要になったこともある。二〇世紀前半は、そういう宗主国の大都市の工場や都市の建設現場で働くために植民地からやってくる移民がとくに多い時代だった。今みたいに、簡単に工場を国外に移転するようなことはまだできなかったんだね。金さんのおじいさんも、そういう時代に朝鮮から日本にやってきた留学生だった。労働者以外にも、教育機会を求めて宗主国にわたってくる若い人も多かったんだ。

しかし、戦争を前後して、つぎつぎと植民地が独立を果たしていった。けれど、旧植民地と旧宗主国の関係は切れなかった。あいかわらず経済的な支配関係は続いている場合が多かったんだ。そこで、今度は、個人的なルートを使って、旧植民地から旧宗主国へと渡ってくる移民が現れてくるようになったんだ。この映画のパキスタン系のおとうさんも、きっとそういう移民のひとりだね。

パキスタンはもともとインドと同様にイギリスの植民地だった。インドが独立*を果たすとき、パキスタンはインドとは別の国として独立した。という

インド独立
一九世紀にイギリスの植民地となったが、建国の父であるガンジーの指導のもと、第二次世界大戦後の一九四七年、イスラム国家のパキスタンと分離し独立を果たした。

のも、インドに住んでいたイスラム教徒は、インドの中では少数派だったけれど、パキスタンというイスラムの国を別に作れば、その中では多数派になれるだろう。それで、イスラム教徒だけ別の国を作ったんだ。もちろん、インドの多数派はそれに反対したので、かなり無理をしてパキスタンというイスラム教徒の国を作った。で、パキスタン側に住んでいるヒンズー教徒*のインド人は、そこでは少数派になってしまうから迫害されるかもしれないと思い、インド側に難民となって逃げ込んだ。逆に、インド側に住んでいるイスラム教徒はパキスタン側に難民となって移動した。そのふたつの難民が出会った国境で大混乱が起こった。そして、今も、そのにらみ合いは続いている。とくにカシミールという国境の土地は、パキスタンもインドも自分の国の領土だと主張して、これまでも何回か軍事衝突を繰り返してきた。だから、この映画の主人公のおとうさんは、インドのことをぼろくそにけなすだろう。その背景にはインドとの確執があったんだね。

ヒンズー教
インドやネパール地域の民族宗教。

今でも、このような旧植民地から旧宗主国への人の流れは、続いている。それればかりじゃない。仕事が十分になく、賃金の安い開発途上国から、経済が発展して仕事もあり賃金も高い先進国へと労働力の移動は続いているんだ。これには、新しい事情が関係している。それは、経済のグローバル化という現象なんだ。

戦後、長い間、世界はアメリカ、日本、西ヨーロッパが仲間をつくって市場経済を建前とする資本主義陣営と、ソビエト連邦、中国、東ヨーロッパが仲間をつくって計画経済を建前とする社会主義陣営に分かれて、軍事的にも経済的にもきびしい対立を続けてきたんだ。それが、一九八〇年代の終わりから九〇年代のはじめにかけて社会主義陣営がやぶれた結果、ソビエト連邦はロシアという国になり、東ヨーロッパの国々も、バラバラになって新しい資本主義の国を作った。中国は、まだ建前は社会主義を名乗っているけれど、経済は市場経済を導入している。この大きな変動の結果、世界はすべて資本主義の原理で行動する、巨大なひとつの市場に向かって動き始めたんだ。これを一番推進したのは、アメリカだった。アメリカは、世界でもっとも市場経済の進んだ国で、軍事的にもただひとつの超大国として勝ち残ったからね。

軍事力と経済力とに物を言わせて、世界経済のルールをアメリカ方式で一本化して、世界中、自由にお金を動かして、投資ができたり、土地を買えたり、商品を売り買いできるようにしようと主張した。そして、アメリカの大きな銀行や証券会社は、アメリカ政府とタッグを組んで、世界中の国々に、アメリカ方式でその国の経済を外国の企業や資本に開放するように迫ったんだ。それを経済のグローバル化と呼んでいる。でも、グローバル化というにはすこし変なところがあるのは、世界が話し合って新しいルールを作ったんじゃなくて、アメリカ方式を世界中に力で押しつけたからだよね。

しかし、問題はアメリカ方式がいいか悪いかということだけじゃなかった。たしかにお金は国境を越えて、コンピュータネットワークを通じて自由に外国に投資できるようになったんだけれど、人間の方は、国境の内側にあいかわらず縛りつけられていたからなんだ。するとどんな問題が起こるかといえば、ある国に投資されていたお金が銀行や投資会社の都合で突然引き上げられてしまうと*、その国で働いていた人があっという間に失業してしまったり、伝統的な農業をずっと営んできて、それ以外にする仕事をもたない農民たちが作る作物より、ずっと安い農作物が海外からどんどん入ってきて、農民の生活が成り立たなくなってしまったりする*。こういう不都合を防ぐには、単純にいえば、お金が自由に移動できるんだったら、労働を売って生活する労働者も世界中自由に移動して、自分に一番有利な場所で労働を売ることができるようにする以外にない。

しかし、そんなことは、現実の世界が国境でもって区切られている以上、不可能だ。だから、人びとの暮らしを守るために、経済のグローバリズムの方にきっちりとした歯止めが必要なんだけれど、グローバル化で勝ち組に

お金が銀行や投資会社の都合で突然引き上げられてしまう
たとえば、一九八二年に起こったメキシコ金融危機を発端に、ラテンアメリカ諸国は累積債務危機に陥ってしまった。

農民の生活が成り立たなくなってしまった
一九九一年にメキシコ南部のチアパス州で、北米自由貿易協定による生活悪化を訴えて、サパティスタ民族解放軍が、突然、武装蜂起した事件が起こった。

なったアメリカなどの一部の国々が、歯止めをかけるのに反対して世界は混乱しつづけているんだ。

こういう事情が背景にあるから、貧しい国で暮らす一人ひとりの人びとは、国境の隙間をどうにかしてくぐって経済の豊かな勝ち組先進国で暮らそうと必死になるんだよ。このパキスタン人のおとうさんは、その意味では、なんとかイギリスで暮らせる立場を手に入れたんだから、ラッキーだと自分では思っているのかもしれないね。このおとうさんは、パキスタンにもうひとりの妻*がいるという設定になっている。映画では触れてはいないけど、きっとその妻や親族に送金をしているに違いないな。海外に移住してお金を稼いで、故郷の親族に送金するというのは、よくある話なんだよ。

ほら、このイギリス人のおかあさんが、おとうさんとの喧嘩で「誰が永住権をとる手助けをしてやったと思ってるの」って応酬する場面があるだろう。おとうさんは、それをいわれると、おかあさんに頭が上がらなくなるんだね。

もうひとりの妻
イスラム教では、前妻の了解があれば、妻を三人まで持つことが認められている。

イギリス人のおかあさんと結婚できたから、今のおとうさんがあるわけだから。

このおとうさんは、おそらくパキスタンからイギリスに留学かなにかの理由でやってきて、イギリス人の女性と恋愛して結婚し、イギリスの永住権を手に入れたんだろうね。永住権と国籍とは違うから、ナニは、まちがわないようにね。ナニがもっているのは、アメリカ市民権つまり国籍だ。と同時に、日本の国籍ももっている。でも、金さんは日本の永住権はもっているけれど、国籍はもっていない。今、アメリカで勉強しているけれど、永住権ではなく、一年間の滞在許可をもらい、アメリカでは働かないという条件で滞在している。

この滞在許可をビザというんだ。ビザにはいろんな種類があって、勉強のためのビザ、観光のためのビザ、短期で仕事ができるビザ、その他、いろいろなビザがある。永住権というのは、その国に死ぬまで住んでいいというビザと考えればいい。アメリカでは、グリーンカード*ともいう。身分証明のカードが緑色をしているからだ。

この永住権をもっていると、その国で働くことができる。だから、その国に住み続けるには、永住権がどうしても必要になる。だから、旧植民地から旧宗主国にやってきた人びとにとっては、とにかくどんな方法でも永住権をもらおうと必死になるんだよ。このおとうさんの場合は、イギリス人女性と結婚するという方法を選んだんだ。映画では、もちろん愛し合った上の結婚ということになっているけれど、愛がない場合もあったと思うよ。とにかく、永住権がほしいために、結婚するという話はたくさんあるからね。とくに、立場の強い旧宗主国の男性と立場の弱い旧植民地出身の女性の結婚は、男性が働きたい女性の弱みにつけ込むという場合も多かったんだよ。

そうして、結婚をして子どもが生まれる。イギリスの場合は、イギリス国内で生まれた子どもは親がどこの国の国民であっても、イギリスの国籍をも

*グリーンカード（Green Card）
アメリカ合衆国永住権。

らえる。これはナニがアメリカの国籍をもっているのと同じ考え方だよ。これを国籍の出生地主義*という。これに対し、日本や韓国の場合は、親の国籍を受け継ぐという考え方をとっている。これを血統主義*というんだ。昔、植民地をもっていたようなヨーロッパの国では、たくさんの移住者が旧植民地から流れ込んでくるから、出生地主義を採用しないと、子どもをいつまでも外国人のままで放置することにつながるのでよくないという考え方から、出生地主義を採用する国が多いんだ。

とにかく、この映画にでてくる家族は、こういう国籍や移民をめぐるイギリスの法律制度の影響をもろに受けながら、生活をしてきたんだよ。

さて、ここで文化の問題がでてくるんだ。

文化の問題か。映画の最初で、子どもたちが聖母マリアの飾り物をもってキリスト教のお祭りの行列に参加しているシーンがでてくるの。ところが、出か

出生地主義
出生地主義をとる主な国は、カナダ、アメリカ、ブラジル、イギリス、オーストラリアなど。

血統主義
血統主義をとる主な国は、中国、韓国、日本、オーストリア、イタリアなど。

けていたはずのおとうさんが帰ってきちゃうの。すると、子どもたちはびっくりして、おとうさんから見える通りを避け、おとうさんから見えない裏通りをぬけてふたたび行列に加わるの。なんか変だなあと思っていたら、おとうさんが、熱心なイスラム教徒だってわかるの。ようするに、子どもたちは、おとうさんに黙ってキリスト教のお祭りに参加しているのよ。ナニは、このシーンをみて、ははんと思ったの。家族が住んでいる地域はキリスト教のコミュニティなんだって。だから、子どもたちはその行事に参加したいと思っている。と言うか、参加しないといけないんじゃないかと思っている。でも、おとうさんは、それを許さないんだと。おとうさんは、その意味で地域にとけ込んでいないんじゃないか。それにくらべて、子どもたちは、イギリスの下町のコミュニティにとけ込もうとしているんだ。でも、大変だと思うな。イスラム教徒のおとうさんとキリスト教のコミュニティとの両方に受け入れられるのは。子どもたちは大変だよ。ふたつの違った文化に挟まれて子どもたちは生きていくんだね。

移民の第一世代と第二世代の間には、葛藤があるんだね。第一世代にとっては当たり前の習慣も、移民先の社会で育った子どもたちには受け入れにくいことがあるんだね。

ナニは、映画で描かれたようなおとうさんの行動をどう考えるかい。このおとうさんは、自分はパキスタン人だから、イギリス人には文句はいわせないとする。文化が違うからという理由でなんでも押し通すことの問題をこの映画はコメディータッチで描いているともいえるね。そこで、考えてほしいのだけれど、おとうさんはパキスタン人でパキスタンの文化にしたがって行動しているんだから、それはそれで正しい、他人があれこれいっちゃよくないと考える？　それとも、やっぱりへんだよ、おかしいよって批判する？

今のナニとしては、やっぱりこのおとうさんの行動は理解できない、変だよって思うな。でも、ナニがもしパキスタンの女の子として生まれたとしたら、このおとうさんの言うとおりにするかもしれない。うーん。ナニには、正直言ってパキスタン人の文化のことはよくわからないよ。でも、やっぱりわからないからって、批判しちゃいけないというのもおかしいと思うの。

これはなかなか難しい問題だろ。文化が違う人間同士の間では本質的に理解しあえないから、たとえおかしいなあとか、まちがってるなあと思っても、違うエスニックの人たちのやることや考え方を批判したり、反対したりすることはできないという考え方がある。これを文化相対主義というんだ。

この映画の中に、割礼*という儀礼について描いた部分がある。男の子のオチンチンは子どものとき、皮がかぶっているんだ。大人になったら自然と皮の中からオチンチンが顔を出す場合が大半だ。でも、中には、大人になっても顔を出さない場合もある。どちらにせよ、オシッコの妨げにならないし、

割礼
男の子のペニスの包皮を切除する宗教儀礼。

セックスの妨げになることもない。でも、伝統的にイスラム教徒やユダヤ教徒*は、この皮を子どものとき、というか多くは生まれたばかりのときに、切り取ってしまうんだ。これを割礼の儀礼という。割礼をする理由は、俗説では衛生的によいとか、いろいろいわれているけれど、それはこじつけで、医学上はしてもしなくても問題ない。ちなみに、キリスト教徒も仏教徒も割礼をしないよ。だから、割礼は純粋に宗教上の問題なんだ。簡単な手術だけれど、感染や出血の管理をする必要があるから病院で医者が行なうことが多い。

しかし、一番下の男の子は、この割礼をされたくないんだ。心の準備ができていないんだね。ところが、おとうさんは、おかあさんの了解もとりつけて、息子を病院に連れて行って、ほとんど強制的に割礼をしてしまう。その結果、この男の子は、いつもジャケットのフードをたててそこに頭を隠すようになってしまうんだ。現実の子どもがこういう症状を示すというより、映画的な表現の面白さだねね。つまり、脚本ではオチンチンの皮とジャケットの

ユダヤ教徒
ユダヤ教の信者、つまりユダヤ人のこと。世界で約一五〇〇万人いるといわれる。

フードが象徴的に結びつけられているんだ。心の準備のないまま割礼をされたために、失った皮の代わりとしてフードの中に頭を隠すという表現が使われている。ようするに、これは男の子の不同意と葛藤を示す映像的表現なんだ。

この割礼を、男の子だけじゃなくて、女の子にもする地域もある。多くは生まれてすぐか初潮があるまえに、女の子の性器の一部を切り取ってしまう風習*で、アフリカの赤道沿いの広い地域で現在も行なわれているんだ。

うっそー。信じられない。なんでそんなことするの。痛いだけジャン。最低の風習！

ナニがそう思うのは、無理ないよね。日本でもアメリカでもそんなことしないから。でも、女子割礼の風習は二千年以上の伝統ある風習なんだよ。そ

女の子の性器の一部を切り取ってしまう風習
WHOの定義では、クリトリスの切除（clitoridectomy）、クリトリス切除と小陰唇の切除（excision）、外性器の切除（infibulation）の三つのタイプがあるとされている。

れもおかあさんや助産婦さんなどの女の人が女の子に対してこの女子割礼を行なうんだ。横暴な男の人が無理矢理するというんじゃないんだよ。なぜ女子割礼をするのかという理由は、女性の性欲をよくないものとみなす考えがあるからとか、性病予防のためとか、いろいろと想像されてはいるんだけれど、ようするに純粋に伝統文化の風習として続いているんだ。

これらの風習が欧米の国で問題になるようになったのは、アフリカなど女子割礼を行なう地域からも移民や難民が欧米の国に流れ込んでくるようになり、移民後もこの風習を続けているということがわかってきたからなんだよ。それまでは、そういう風習があるということはわかっていたけれど、遠い海外のことだからと社会問題にはならなかった。でも、自分たちが暮らしている社会で、そういう風習が行なわれていることに欧米の人びと、とくにキリスト教徒たちはびっくりしたんだろうね。

先進国のフェミニストたちの中には、この風習を女性に対する暴力の一種だと考え、非難するグループも現れた。実際、アメリカでは自分の娘に女子割礼をしたために、アフリカからの移民女性が傷害罪で訴えられた事件があった。

先ほどの文化相対主義の立場に立てば、この女子割礼もひとつの大切な伝統文化ということになるから、それを批判したり非難したりすることは差し控えるべきだということになる。しかし、実際にこの女子割礼が、新生児の死亡率を押し上げる原因になったりすることが指摘されるようになると、たとえ伝統文化だからといって、そういうことを続けていいのかという意見も強くなってくる。命にかかわることは別格だ、という主張は説得力があるよね。

さて、ナニは、どう考える?

それぞれのエスニックな文化の独自性を大切にするという考え方は、少数派のエスニック・グループにとって、自分たちの文化の尊厳をまもるためにとても大切なことだ。でも、それをとことん突き進めてしまうと、女子割礼のような問題が顔を出してくるんだ。そうすると、それぞれの民族の文化を尊重するということと、命や人権といった人類全体にとっての普遍的な価値を大切にすることが、実は、はげしくぶつかり合う部分があるんだということに気づかざるをえないんだよ。

そういう問題にぶつかったとき、人間はどうすればいいのか、わからなくなってしまう。命と人権の問題だからと一方的に逮捕したり、裁判にかけたりするだけでは、強者が力づくで問題を押し込んだだけで、社会的に立場の弱い少数派の移民たちが心から納得することはないだろうね。

おとうさんは、やはり時間がかかるかもしれないけれど、対話を続けていく以外に方法はないと思うんだ。そして、おとうさんは、問題解決の希望がないとも、文化を超えた理解ができないとも思わない。

この映画のおとうさんの行動は、なんだかとってもユーモラスで笑わせちゃうので、どこか憎めないよね。おかあさんも、子どもたちも、だからおとうさんを憎みきれない。愛しているんだね。おかあさんも、子どもたちも、とてもユーモラスで憎めない人たちだよね。そういうユーモアや涙や笑いが、文化の壁を溶かしていくんだろうね。

現実は、もちろん映画みたいなわけにはいかないだろう。でも、この映画が伝えようとしているメッセージは大切だと思うんだ。それは、しょせん人間が作り上げた文化なんだから、それを超えようとすることは、人間にとってけっして不可能ではないというメッセージなんじゃないかな。

第五夜
「クラッシュ」をみて話す
自己主張し、衝突するエスニック

「クラッシュ」
二〇〇六年、アメリカ映画、監督ポール・ハギス
DVD発売元：東宝
価格：三九九〇円

五日目の夜の映画は、「クラッシュ」という二〇〇五年度のアカデミー作品賞*をとった作品だった。ナニは、ホノルルでこの映画を観た。おとうさんより、ナニの方がこの映画のことわかると思うな。だって、おとうさんも英語はそれなりにうまいけど、アメリカで暮らしてないから微妙な言い回しでわからないところもあると思う。でも、字幕じゃ、いまいち伝わりにくい微妙な表現だからね。この映画は、そういう微妙なところが持ち味だと思うから。

映画の舞台は、ロサンジェルス。いろんなエスニックたちが登場するの。特別にかっこいいヒーローとか、正義の味方とか、悪モンとかはぜんぜんでてこない。でも、みんなどこかギスギスしていて、不信感に満ちている。そんな不信感と不満一杯の一般人のエスニックたちの、ある一日に起こったことが、最初はバラバラに展開していくの。

金持ち白人の検事の妻は雇っているメキシコ系の家政婦さんがまともに働かないっていらだっている。イラン人*の商店主さんは、店の鍵を黒人の錠前屋さ

アカデミー賞
アメリカの映画芸術科学アカデミーの会員の投票によって選ばれる、その年、公開された映画とそれにかかわるさまざまな成果に対して与えられる賞。一九二九年に第一回の受賞が行なわれ、トロフィーはオスカーの愛称で呼ばれる。

在米イラン人
約二〇〇万人と推定され、大半が七〇年代末のイラン革命後にアメリカに流入した。

んがちゃんと修理してくれなかったから店が荒らされたと怒ってる。黒人のテレビディレクターの美人妻は、パトカーに止められて、白人の警官が飲酒検査を口実に体をさわりまくるのに、みて見ぬふりで抗議できなかった夫を軽蔑している。夫婦仲はがたがた。その白人の警官は、まじめに働いてきたおとうさんの会社がマイノリティへの優遇策のせいで倒産したと恨んでいる。そんなエピソードがばらばらに進行するの。

ところが、だんだんとすべてが絡み合ってくる。シナリオがすごい。よくこれだけのバラバラのエピソードを最後にまとめ上げていくプロットを考えたなって。そのプロットというのは、ひとつの交通事故なんだけれど、その事故のシーンから、登場するエスニックたちの不安や不信がすこしずつ解きほぐされていくの。もちろん、昔の大作映画みたいに、すごいハッピーエンドとか、民族の大和解とか、そういう超大きなテーマなんかはないんだけれど。最後に、エスニックたちがほんのすこしずつ暖かい気持ちになれるところがこの映画のいいところなのかもね。

とにかく、ロスの街にたまりにたまったエスニックたちの相互不信がどんなにすごいかよーくわかるよ。

おとうさんがこの映画で一番じーんときたシーンはね、イラン人の商店主が黒人の錠前屋の自宅にピストルをもって仕返しにいくシーンなんだ。このシーンには、伏線がある。映画の冒頭で、このイラン人商店主の娘さんがおとうさんを連れて、店の防犯用に銃を買いに行くんだ。おとうさんは、英語がまだ上手じゃない。だから、娘さんが手助けしているんだね。ところが、そのとき、銃砲店の白人店主から、「お前らはアラブのテロリストの仲間だろ」って、いやがらせをされるんだ。アメリカでは、イラン人もアラブ人も同じに見えるんだね。でも、その商店主はイラン人であることに誇りをもっている。それで、アラブ人とまちがえられたことにとても反発するんだ。そこに娘さんが割って入って、なんとか銃を買う。と、白人の店主が、弾は何にするのかときくんだ。娘さんは、とりあえずそこにある赤いパッケージに入った銃弾を、と指示する。白人店主は「それでいいんだな」って、そのパッケージを売りつけるんだ。

一方、イラン人のおとうさんが経営する店では、黒人の錠前屋がドアの鍵を修理している。錠前屋の黒人の男は、鍵は替えたけれど、ドアが壊れているので鍵がかからないと訴えるんだけれど、イラン人のおとうさんは、黒人に偏見を持っているからドアの交換もさせて料金をつり上げようとしているんだと邪推して、とにかく鍵を直せってどなりちらす。錠前屋の男は、その前の白人の家で、黒人の錠前屋は信用できないから、別の錠前屋に鍵を付け替えさせてくれってたのむ妻の声を聴いて、頭に来てる。そこで、イラン人の商店主に修理代のお金を突っ返して、店を出て行ってしまうんだ。

数日後、イラン人の商店主の店が荒らされてしまう。同時多発テロ以来、アメリカではアラブ人にいやがらせが続いているんだね。この商店主はイラン人なのに、店はむちゃくちゃにされてしまう。保険金を請求しようとしたところ、ドアが壊れていたのを知りながら放っておいたと見なされて、保険金がおりないんだ。イラン人のおとうさんは、お店というなけなしの財産を失って、すっかり絶望してしまう。そして、あの黒人の錠前屋がまじめに仕事をしなかったからだと逆恨みして、その錠前屋の自宅を探し出し、例のピストルをもって一矢報いてやろうと街角で待ち伏せする。

一方、黒人の錠前屋は共働きで、娘をいつもひとり残して仕事に出ているんだ。安全な街に引っ越したはずなのに、夜、ひとりでお留守番をしている五歳の娘さんは、不安で仕方がない。で、ベッドの下で寝ている。それを知って、おとうさんは、一計を案じる。「ここにどんな弾も通さない、妖精がくれた透明マントがあるよ」っていって、そのマントを娘の肩に掛けてやり、ひもを結ぶふりをするんだ。そして、「ほら、これで絶対安全だから、安心してお休み」っていうんだよ。小さな娘は、おとうさんを信頼しているから、いつもそのマントを着ているから安心だと思いこんでいる。

ところが、イラン人の商店主が、帰ってきたおとうさんにピストルを構えて引き金を引こうとしているのを娘が目撃してしまうんだ。娘は、おとうさんが撃たれると思い、自分の魔法のマントでおとうさんを助けようとピストルの前に飛び出していく。そして、銃声が周りになり響く。映画を観ている人の全員が、もう絶体絶命だと思ったと思うよ。

ところが、奇跡的に娘はかすり傷ひとつ負わない。どうしてかって？　そうイラン人の商店主が撃った銃弾は、実は、音だけがする空砲だったんだ。イラン人の娘さんが買った赤い箱は空砲だったんだけれど、銃砲店の店主はいじわるをしてそれが空砲だと教えてあげなかったんだね。でも、それが幸いして、イラン人の商店主は、殺人犯にならずにすんだ。発砲の後、正気を取り戻したイラン人の商店主は、錠前屋のかわいい娘さんが天使だったに違いないとひとりつぶやくんだよ。

このシーンのプロットの構成はほんとうによくできているね。さすがアカデミー賞を獲るだけある。おとうさんは、久しぶりに感動してしまった。この映画にはいろんなエスニックたちが登場している。みんな一生懸命生きている人たちだ。でも、たがいに不信感と偏見にとらわれている。その典型がイラン人の商店主だね。このおじさんはアラブ人とまちがえられたり、テロリストあつかいされたりして苦しんでいる。そのくせ、他方では、黒人は正直に仕事をしないという偏見にとりつかれている。そして、銃の引き金を引いてしまうんだ。

これが現実なら、殺人事件が発生することになる。しかし、映画では奇跡が起こるんだ。娘さんの、おとうさんを助けようというけなげな気持ちがほんとうに美しく描かれている。そして、空砲を売りつけた銃砲店の白人店主のいじわるが逆に幸運を作り出すという展開も、なかなか皮肉っぽくていいね。

この映画の優れているところは、ごくありふれた日常の接触のなかに潜む偏見や不信をさもありそうに表現しながら、一方で、人びとが家族を愛し、人を信じようとする希望も同時に描いているところなんだろうね。この映画を観ていると、いろいろなエスニックがともにひとつの街で生活するのは大変だとつくづく実感するよね。

アメリカは、すべてのエスニックたちをひとつに溶かし合わせてしまう「民族のるつぼ」から、いろいろなエスニックたちがそれぞれの特性を発揮しながら共存する「民族のサラダボール」へとその理想を変化させたんだ。しかし、同時に、それはただの理想の表現に過ぎないから、実際はどうかよくわからない。この映画に現れるいろいろなエピソードは、そのサラダボール社会としてのアメリカの理想と現実のギャップを日常的な視点から実によくとらえていると思うんだ。

さて、そこで今夜のおとうさんの話は、まず、そもそもアメリカがどうして、「るつぼ主義」から「サラダボール主義」へ理想を変えていったかについて、話すところから始めようね。

このサラダボール主義は、もうすこし専門的な言い方をすると、多文化主義と呼ばれるんだ。多文化主義というのは、ひとつの国の中に、いろいろなエスニック・グループが自分たちのことば、文化、生活習慣をそのまま維持しながら、ひとつの国家に市民として平等に社会参加していこうという考え方なんだ。昔は、ひとつのことば、文化、生活習慣、そして、主権をもつひとつのネイションでなければ国家はできないという考え方が強かったんだ。でも、国境を越えて人びとが仕事や教育をもとめて流動する時代になった今、ことば、文化、生活習慣などの要素が共通でないとネイションになれないなんていうのは現実的じゃない。だから、たくさんのエスニック・グループの寄り合い所帯でも国家はできるんだという考え方に変わってきたんだ。

この変化の背景には、一九六〇年代にアメリカで始まった公民権運動*の影響がある。ここでアメリカの公民権運動の歴史をすこしみておきたいんだけれど、ナニはどこまで知ってる？

公民権運動？　ああ、シビル・ライツ・ムーヴメントのことね。マーティン・ルーサー・キング*はその偉大なリーダーだったってナニは学校で習ったよ。アメリカでは、一八六五年、南北戦争で北軍が勝ったので、一応、アフリカン・アメリカン（黒人）は奴隷から解放されたことになってたんだけれど、多くの南部の州では、あいかわらずアフリカン・アメリカンに対する差別がなくならなかったのよね。学校、交通機関、レストラン、居住地なんかで、コケイジアン（白人）とアフリカン・アメリカンを別々に分けて、コケイジアンだけリッチな生活ができる制度がずっと続いていた。アメリカは、州の力が強いから、州が差別を法律で決めちゃうとそれがまかり通ってしまうのよね。

公民権運動（American Civil Rights Movement）
一九六〇年代、アメリカのアフリカ系アメリカ人が人種差別に反対し、合衆国憲法にもとづく公民権の平等な適用を求めて行なった社会運動。

マーティン・ルーサー・キング・ジュニア（Martin Luther King, Jr.）
一九二九～一九六八年。マハトマ・ガンジーの非暴力主義に影響を受けたアメリカの公民権運動の指導者でバプティスト派キリスト教の牧師。一九六四年にノーベル賞。六八年に暗殺された。

で、そんな差別に反対して立ち上がったのが、キリスト教牧師のマーティン・ルーサー・キングだった。でも、そのきっかけは一九五五年にアラバマで起こったある事件だった。ローザ・パークス*っていうアフリカン・アメリカンのおばさんが、バスに後から乗ってきた白人に席を譲れって運転手に命令されたのに抵抗して席を譲らなかった。それで、人種分離法違反で逮捕されちゃった。これが有名なローザ・パークス逮捕事件。その逮捕に抗議して、マーティン・ルーサー・キングたちはその後一年間もバスに乗るのをボイコットする運動を始めたの。これがモンゴメリー・バス・ボイコット運動。

　この闘いの結果、最高裁判所で人種分離法は憲法違反だって判決が出るのよ。そして、それが南部での差別反対の運動に火をつけていくわけ。運動の周辺では、アフリカン・アメリカンの暴動や白人のテロなんかの暴力事件もたくさんあったんだけれど、全米に広がっていく。それで、一九六三年には人種差別に反対するワシントン大行進が行われ、運動は最高に盛り上がるんだ。この時の

ローザ・パークス
(Rosa Parks)
一九一三〜二〇〇五年。人種差別反対運動の活動家で、裁縫労働者。モンゴメリー・バス・ボイコット事件の当事者で、「公民権運動の母」と呼ばれた。

マーティン・ルーサー・キングの演説はナニも読んだ。すごく、理想に燃えてて、素敵な英語だったよ。

でも、この後、キング牧師は暗殺されてしまうの。

よく知ってるね。公民権運動は、差別をなくすためにいろいろな成果をあげた。そのときの大統領は民主党のジョン・ケネディーという若くてリベラルな大統領だったから、公民権運動にはどちらかといえば理解があった。そのケネディも暗殺されてしまうんだけれど、そのあとを継いだジョンソン大統領が一九六四年に公民権法（Civil Rights Act）を成立させた。この時の政府は、積極的に黒人に対する差別を是正させる方策を実行していったんだ。どんな方法を採ったかというと、黒人の社会的経済的な地位を上げるために、公務員の採用とか、大学の入学とかについて、黒人を優先することを義務づけたんだ。これをアファーマティブ・アクション*、日本語では積極的差別是正措

＊アファーマティブ・アクション（affirmative action）積極的差別是正措置。差別解消のためにマイノリティに優先的な雇用機会や経済的優遇を与える社会政策。

置というんだ。舌をかみそうだね。

もちろん、これだけで差別がなくなったわけじゃなかったけれど、この政策は黒人の社会進出に大きく貢献したんだ。このアファーマティブ・アクションの考え方は、その後、黒人以外のマイノリティに対しても、適用されていった。日本でもね、女性が男性と同じように働ける機会を増やす目的で一九八五年に制定された男女雇用機会均等法*などの法律には、アファーマティブ・アクションの考え方がすこし参考にされたりしているんだ。

この公民権運動は、たんに黒人差別をなくす法律を作らせただけじゃなくて、黒人以外のさまざまなエスニックたちにも、自分のエスニックに対する意識や自信の高まりをもたらしていくんだ。かれらは、それまでは白人と同じようなライフスタイルや文化や価値観を身につけることがネイションとしてのアメリカ人になること*だって思いこんでいた、いや、思いこまされていたことに、はたと気づくんだ。そして、自分たちのありのままのエスニック

男女雇用機会均等法
雇用の分野における男女の均等な機会及び待遇の確保等に関する法律。一九八五年制定。

ネイションとしてのアメリカ人になること
アメリカナイゼーション、アメリカ化のこと。

な文化や価値観、ライフスタイルで生きることが決して間違っていないと確信するようになっていった。このような考え方が社会運動としての多文化主義なんだ。

一方、政府は、それぞれのエスニックたちが自分たちの独自の政府を求めだしたらアメリカがばらばらになってしまうと考えた。そこで、これまでの考え方を修正して、たとえ、文化やライフスタイルや価値観が別々でもひとつのネイションとしてやっていける方法はないかと考えた。そこで、政府は、ひとつの国の政策として多文化主義を提案し始めたんだ。ここで政策としての多文化主義を見てみよう。

まず、多文化主義を選択した政府であっても、多くの場合、政治的な原則としては、民主主義、人権の尊重といった基本的なスタンスははずさない場合が多い。また、市場経済原理、つまり自由市場における競争を原理として経済を運営するという考え方もはずさない。そのような民主主義と人権尊重と自由経済を前提にした上で、個々の人びとのことば、文化、生活習慣がバラバラであること、つまり、多様性を認め、かつ擁護しようという政策が多文化主義なんだ。このような多文化主義をとくに文化的多元主義とかリベラル多文化主義とか呼ぶときもある。あまり専門的だから、ここでは一応いっておくだけにしておこうね。

このような多文化主義の政策を、アメリカよりもっとはっきりと打ち出した国々がある。それはカナダとかオーストラリアなどの国々だよ。たとえばカナダの場合は、公用語も複数*あって、政府の公式文書なんかも、最低、英語とフランス語のふたつのことばの書類が作られることになっている。ことばがわからないことで政治参加や行政サービスをうけるときに差が生じてはいけないと考えるからだね。そして、移民など出身国の文化やことばをもつ人びとに対しては、積極的にその文化を振興したり、ことばを習得したりする活動に公的な援助を与えることをしている。

公用語も複数
多言語主義（multilingualism）といわれる。

しかし、同時に、民主主義と人権尊重の原則も働いているので、多文化主義の社会であっても、人権を無視したり、他人の自由を侵害したりすることは認められないということになる。たとえば、「日本人の文化では、女は男に従うのが正しいことになっている」とかいって、日系人だけ女性の参政権を認めないというようなことはあり得ないんだ。

昨夜観た映画「僕の国パパの国」の中で、パキスタン系のおとうさんがパキスタンの伝統だからといって息子の結婚相手を無理矢理決めてしまおうとするよね。でも、たとえイギリスが多文化主義の政策を採用しているからといっても、そこはあくまで子どもの意志が優先されるんだよ。婚姻の自由は基本的な人権のひとつだからね。この映画は、多文化主義の理解が、おとうさんとほかの家族の間で違っていることを描いている。あるいは、おとうさんがやりたいことが、国が認めている範囲を超えている悲劇を描いているともいえるんだね。

多文化主義の考え方が社会に広く浸透するのに、二〇年ほどかかった。今、多くの先進国で多文化主義の考え方が定着しようとしている。

しかし、多文化主義だって、そう簡単にはいかない難しい問題を抱えている。エスニック・グループの壁がますます高く強固なものになっていくのではないかという恐れなんだ。

「クラッシュ」に描かれたエピソードには、多文化主義社会の建前が浸透したアメリカの都市社会特有の問題も含まれている。たとえば、こんなエピソードがあったよね。黒人のふたりのギャングにRV車を強奪された白人検事が、スタッフと事後策について相談するシーンだ。その中で、黒人のギャングに自動車を盗まれたって記者発表したら、黒人のイメージを悪くしたって黒人のコミュニティからきっと嫌われるに違いないと白人検事が心配するところがある。

面白いよね。ナニは知っているだろうけれど、アメリカじゃ検事だって選挙で選ばれるから*ね。白人にばっかりいい顔していると、黒人から嫌われて落選しかねない。少数派のエスニックたちにも公平に対応していますっていうのが多文化主義社会で求められる新しい検事のあるべき姿なんだよ。もちろん、本心から公平にしていればいいわけなんだけれど、それだけじゃすまない。マスコミや世間の目からみて、多文化のエスニックたちのそれぞれに配慮して、みんなに公平にしてますよってイメージを作らなくちゃいけないんだね。そこでこの検事は、この際、手柄を立てた黒人の消防官を表彰しようなんて姑息な手を考え出すんだ。ところが、スタッフのひとりが、その消防官は黒人じゃなくて、イラク出身のサダムという名前の男だったことを思い出す。アメリカ中がイラク嫌いになっているときに、よりによって、サダム・フセイン*大統領を思い出させるような人物を表彰するなんてとんでもないってことになって、この案は、取りやめになるんだ。そこが、とてもコミカルに皮肉たっぷりに描かれている。

検事だって選挙で選ばれる
検察官公選制。

サダム・フセイン
(Saddām Husayn)
一九三七〜二〇〇六年。イラクの元大統領。イラク戦争の後、行方をくらますが、発見され死刑になった。

なにごとにもエスニック間のバランスに配慮しなくちゃならないという、多文化主義の社会ならではの難しさや気苦労がこのエピソードには盛り込まれている。こういう人びとの現実を見るにつけ、多文化主義の考え方を導入したからといって、ことば、文化、生活習慣の違う人びとがひとつの国家のもとにすんなりと心を合わせていくことがはたしてできるかどうか、実際のところわからないというべきだろうね。政府が政策として導入する多文化主義は、人びとの具体的な生活の中で、壁に突き当たっているんだ。

一方、多文化主義は少数派のエスニック・グループにとっては、自分たちの利益拡大を主張する根拠になっている。つまり、どのエスニック・グループも等しく存在する権利があるはずだから、自分たちのエスニック・グループが存続できるように政府はもっと力を貸すべきだというわけ。こうなってくると、いろいろな政治的な要求がエスニック・グループごとに打ち出されてくることになる。自分のグループに有利になるようなアファーマティブ・

アクションの政策をもっともっと採ってほしいと要求するようになる。そして、その結果、国の予算をエスニック・グループ別に分配すべきだという考え方が現れてくる。このような多文化主義の考え方をコーポレイト多文化主義と専門家は呼んでいる。

しかし、民主主義社会には、もともと人種や出身がなんであろうと市民として平等に扱われるという原則があったはずだね。だから、エスニックな個性は、私生活面での、ことば、文化、生活習慣のレベルにとどめておくべきで、国の予算の使い方とか、福祉の受給とか、ビジネス上の競争などの公的な生活にはエスニックを持ち込んじゃいけないという制限がもともとの多文化主義の考え方にはあった。しかし、現実にこの政策を進めていくと、エスニック・グループ別のバランスを考慮しながら、予算をたてたり、公共サービスをしたりしなければならなくなってきた。つまり、多文化主義を私生活の部分に限定するという考え方ではおさまらなくなってきたんだ。

そうすると、それぞれのエスニック・グループは、少しでもたくさん予算の配分を得ようと競争になっていく。人びとは自分の属するエスニック・グループに強く結集せざるを得なくなり、エスニック・グループの間同士の反目や対立が目立つようになっていく。ほら、新幹線を建設してくれといって、地方出身の政治家たちが中央のお役所の予算のぶんどり合戦をして反目するというのと何だか似ているだろ。エスニック・グループのリーダーたちは、他のグループに負けたくないから、もっともっと結束を叫ぶようになる。

他方、エスニックたちを優遇する政策のために、既得権を失っていった白人たちの間には、優遇政策は逆差別だという感情が高まっていくことになる。映画の中でも、白人の警察官が、健康保険組合の黒人の女性事務員に対して、病気のおとうさんについて訴えるシーンがある。清掃会社を作ってまじめに働いてきたのに、マイノリティの会社と優先的に契約する行政の政策、つまりアファーマティブ・アクションのせいで、おとうさんの会社は契約を切られて倒産してしまったと、その白人の警官は訴えるんだ。この警官は、黒人のテレビ・ディレクターの妻に嫌がらせの身体検査をした差別主義者の警官。でも、この警官が差別主義者になった理由はこれだったんだね。

多文化主義政策の結果、多文化な社会は、たしかにできあがるんだけれど、エスニック・グループが互いに反目しあう社会になり、社会全体の統合が失われかねないという危惧が、とくに白人多数派の中から叫ばれるようになっていった。

たしかにそれはいえている部分があるよ。エスニック・グループが結束しすぎて、互いに反目しあうようになると、たとえばエスニック・グループを超えて愛し合う恋人たちが出てきたとしたら、シェークスピアの戯曲「ロミオとジュリエット」みたいな悲劇が起ってしまうよね。

また、中には、強い結束に息苦しさを感じて、自分のエスニック・グループから距離をおく人たちも出てくる。

クラッシュでも、テレビディレクターとして成功した黒人の男は、差別の問題なんかとかかわりを避けようとしている。そんな風に描かれているよね。そこには、もちろん、せっかく手に入れた地位を失いたくないという保身が働いている。でも、それだけじゃない。黒人っぽい型にはまった文化*やライフスタイルから自由になりたいという気持ちもあるんだ。だからかれが作るドラマで、黒人の俳優に黒人っぽくないしゃべり方をさせようとして、白人のプロデューサーとぶつかったりするんだよ。

ようするに、成功した黒人やエスニックたちは、自分のエスニックなコミュニティから離れて、個人として自由に暮らしたいと思うようになっていくんだね。つまり、多文化主義が進んで成果が現れるようになるにつれ、その多文化主義の恩恵をうけて成功した人びとが、肝心のエスニック文化やエスニック・グループへの関心を失っていくという傾向が現れるようになってきた。その一方、多文化主義政策の成果が十分に行き渡らず、不満をもって

黒人っぽい型にはまった文化
たとえば、話し言葉では、エボニクスと呼ばれる、黒人独特のことばづかいがあるといわれる。

いる人たちほど、逆にエスニックとして結束して自分たちの要求を通そうとする。こうした矛盾が起きるようになったんだ。

また、移民といったって、母国と移民先の国の間をいったりきたりしながら暮らしている人びとも増えてきている。たとえば、カナダ国籍をとりあえず取得して、家族はカナダで生活させ、休暇のときには自分もカナダの家族のもとで暮らす。でも、働く場は香港に残したまま、なんて中国系カナダ人の場合がその典型かな。こういう人たちが増えてくると、かれらが作り出す親戚関係や友人関係は、母国と移民先の社会の両方にまたがる性格をもってくる。トランスナショナル・コミュニティなんて呼ばれるんだけどね。昔、国家というのは一番大きな社会の単位だと思われてきた。しかし、現代は、親族や友人関係といった比較的小さな単位のコミュニティですら、国家の壁を超えてしまうんだね。

こういう現実の中で、一国の内部に限定する多文化主義の考え方は、困難な問題に直面しているんだよ。キング牧師の考え方は、白人と黒人が平等の下にひとつのアメリカ社会を築いていくという考え方だったね。しかし、その後、キングに代わって、マルコムX*の考え方が支持を集めるようになっているのも、このような現実の反映かもしれないね。マルコムXは、黒人と白人がそれぞれ別々に分かれてコミュニティを作るべきだと説いたんだ。つまり、黒人の側からの分離を主張したんだ。

映画「クラッシュ」には、人種差別に反対する若い白人警官が登場している。差別に反対する人物は、ほんとうにこの警官ただひとりだけだといってよいくらいだ。その白人警官は、帰宅途中に、ヒッチハイクしている黒人の若い男を車に乗せてやるんだ。親切心なんだね。きっと白人ばかりの住む街で、ヒッチハイクしている黒人の若者に同情したんだね。でも、黒人の若者がポケットから何かを取り出して見せようとしたとき、白人の若者はそれがピストルに違いないとっさに思ってしまうんだ。そして、自分のピストル

マルコムX（Malcolm X）一九二五〜一九六五年。ネブラスカ州生まれ。アメリカの急進的な黒人運動指導者。イスラム教に改宗した。六五年に暗殺される。

を先に抜いて黒人の若者を射殺してしまう。しかし、そのとっさの判断はみごとにはずれていたんだ。黒人の若者がポケットから取り出そうとしたものは、白人の若者がダッシュボードに飾っていた交通安全のお守り聖像だったんだ。黒人の若者は、自分も同じお守りをもっていることを見せたかっただけなんだね。

差別をしたくないと心に誓っていた白人の若者が、結果として、無実の黒人を殺害してしまう。なんという皮肉なんだろう。救いのない感覚にとらわれてしまうだろう。でも、映画は、その現実を突きつけたまま、安易な解決を示してはくれない。ただ、映画は、それでも、個々の人びとは対立と相互不信を繰り返しながらも、家族を愛し、よりよい生活を築きたいと努力を続ける、善良な人びとでもあると語っているんだ。この善良さと努力が救いといえば救いなのかもしれない。しかし、それが、問題の解決を約束してくれないということもよくわかっているんだね。

公民権運動が盛り上がっていた時代のアメリカ映画は、運動の進むべき方向を自信を持って指し示す映画がたくさん撮られた。どうすべきかが見えていたんだね。しかし、多文化主義がそれなりの定着を示した現在、それが生み出す、あるいは、それが不徹底のために生じる新しい問題にも気づいているんだ。「クラッシュ」は、そのような出口の見えにくい現代のアメリカ社会をしっかりと見すえている映画だと思うよ。

第五夜の翌日
ミスター・ミトからの電話、あるいは、なぜナニはクレオールがいいのかについて

ナニが午後の昼寝から目覚めて、ボーっとしているところに、ハワイから電話がかかってきた。ホスト・ファザーのミスター・ミトがナニの脚のことを心配して電話をかけてきてくれたの。ミスター・ミトは、もう八〇歳を超えるおじいさんだけど、とっても元気。今でも、愛車のトヨタを乗り回して、ナニをあっちこっちに連れて行ってくれる。この間も、孫たちとナニをつれて、ホノルルではちょっと有名なアイスクリームパーラーのバビースにモチ・アイス*を食べに行った。

*バビースのモチアイス
カリフォルニア発祥のアイスクリーム・チェーンのバビースのヒット商品がモチアイス。

「ハイ！　ナニ。怪我したらしいね。痛かったね。大丈夫？　お大事になさってください。ドライ・メンゴーのギフトをおとうさまとおかあさまにお渡ししましたか」

短い電話だったけれど、ナニには、ミスター・ミトの暖かい心づかいがとても心に染みた。ミスター・ミトの話す日本語は、ちょっと古めかしくて、丁寧とぶっきらぼうが入り交じった不思議な日本語。ハワイの日系人特有のことば。でも、そのまっすぐで飾りっ気のないところが、とりわけこういう時には、ナニの心に響くの。

最初、英語のわからなかったナニに、ミスター・ミトは、そんな日本語で話しかけてくれた。ナニが英語を話せるようになった今では、ほとんど英語で話をする。でも、ミスター・ミトが話す英語は、ハワイの英語。

ミスター・ミトはマウイ島生まれの日系人二世。一世のおとうさんはシュガー・プランテーションでメカニック（機械整備工）をして、ミスター・ミトを育てた。ミスター・ミトの日本語は、プランテーション・キャンプ*のそばにあった仏教のお寺が開いていた日本語学校*で、日本からやってきたお坊さんから習った。当時、プランテーションで働く日本人一世たちは、子どもたちの教育に熱心だった。だから日系二世の子どもたちは必ず日本語学校に通った。かれらは、公立学校で英語の授業が終わった後、日本語学校で日本語を勉強した。

二世たちが話すことばの世界は、なかなか複雑。家では一世の両親と日本語で会話。でも、この日本語は両親が生まれた地方の方言。公立学校では、標準語に近い英語で授業を受ける。放課後の日本語学校では、日本から取り寄せた国語の教科書で標準語の日本語を習う。でも、ローコー*の友だちとは、プランテーション労働者たちが共通して使うハワイ式ピジン英語*という独特の英語で話した。

ナニも、ハワイにきた当初は、ホノルルではなくて、シュガー・プランテー

プランテーション・キャンプ
サトウキビ・プランテーションに併設された労働者用住宅。

日本語学校
日系二世の日本語習得のために開設された日本語補習校。仏教系とキリスト教系があった。

ローコー（loco）
ローカル（local = 地元）がなまったハワイ英語で、地元出身者の意味。

ハワイ式ピジン英語
Hawaiian pigin と呼ばれ、ハワイに流入した労働移民の間で使用された。

ションのそばにある小さな田舎町の中学校に通っていたから、ハワイ式ピジン英語を話せるようになっていた。その後、ホノルルのハイスクールに入学したとき、バリバリのピジン英語が話せる留学生がいるって、先生や上級生たちから不思議な目でみられたっけ。

ミスター・ミトの、質素だけれど、楽しく穏やかだった、そんな青春時代が突然打ち破られる事件が起きた。一九四一年一二月七日に、日本軍がパールハーバーを攻撃したのだ。そのとき、ミスター・ミトはまだハイスクールを卒業したばっかりだったけれど、アメリカ市民権をもつ自分たち二世ががんばらなくちゃと思ったらしい。それで、ミスター・ミトは、日系人部隊に志願して、砲兵としてヨーロッパでナチスと戦った。日系人部隊の活躍はものすごいものだった。ナニは、ミスター・ミトがヨーロッパでの戦争体験を自慢っぽく話すのにはちょっとついていけないと感じるときもあるけど、戦争中の日系人の苦労については、ミスター・ミトと親しくなるにつれて、本当にしみじみとわかった。

ミスター・ミトが話す戦争の話でとても興味深かったのは、ハワイからの日系人兵とメイン（メインランド＝アメリカ本土）からの日系人兵の違いについての話。

ハワイの日系兵は、たいがいプランテーション・キャンプからやってきた連中で、仲間意識が強かった。実家から食べ物なんかが届いたら、みんなで分けて食べた。それに比べて、メインの日系兵は、白人と同じように個人主義的で、自分だけで食べる人が多かった。ハワイの日系兵からみると、それがなんだかお高くとまっているみたいで気にくわない。

ところが、日系人部隊といっても、隊を指揮する将校たちはメイン出身の白人たちだったから、ハワイ日系兵のピジン英語は、かれらにはわかりにくかった。それで、将校の下について兵隊たちを仕切る下士官には、白人の英語が使えるメイン出身の日系兵が選ばれることが多かったらしい。それが、ハワイの日系兵には面白くなかった。ハワイの日系兵は、メインの日系兵のことをくやしまぎれに「コトン」と呼んで見下していたらしい。コトンというのは、椰子の実がポトリと落ちる様子からでたことばで、すぐにめげてしまうという意味。ハワイ式ピジン英語は、やはりメインの白人たちには、本当にわかりにくいことばだったみたい。

ハワイ式ピジン英語だけではなくて、世界にはたくさんのピジン英語がある。パプアニューギニア*やバヌアツ*のようなメラネシアの島々にも違った種類のピジンがあって、公用語にもなっているらしい。もともとピジンというのは、ヨーロッパの国々が海外にもっていた植民地などで、現地の人びとと貿易したり、働かせたりするために、現地のことばとヨーロッパのことばが混ざり合って自然につかわれるようになったことばだという。でも、ハワイのプランテーションで育った子どもたちには、そのピジン英語がマザー・ランゲージ*になってしまったわけ。ハワイ式ピジン英語でないと自分の気持ちをすっきりと表現でき

パプアニューギニア
太平洋メラネシア地域にあるニューギニア島の東半分にある国。首都はポートモレスビー、人口は約五四〇万人。

バヌアツ
ソロモン諸島の南にあるメラネシアの島嶼国。首都はポートビラ、人口は約二〇万人。

違った種類のピジン
パプアニューギニアなどで使用されているピジン英語でメラネシアン・ピジンと呼ばれる。

マザー・ランゲージ
(mother language)
母語。生まれて最初に身につけたことば。

ないってミスター・ミトも言うの。不思議ね。語学の先生によれば、こういうマザー・ランゲージになってしまったピジンを、正しくは、クレオール*というんだって。

考えてみれば、ナニの場合も、最初に覚えた英語はピジンだった。ナニが通った中学校は、プランテーションのそばにある小さな田舎町の中学校だったから、生徒たちのほとんどは、ピジン英語、つまり、クレオールを話したの。

今、ホノルルのハイスクールで勉強しているけれど、ここの生徒の英語は、あまりピジンっぽくないと思う。先生も、メイン出身の先生が多いし。ナニは、すこし中学校のころが恋しいときがある。だから、学校でピジンを話す声が聞こえると、懐かしくなって声の方を振り向くの。そうしたら、田舎から働きにきたフィリピーノの給食おばさんやハワイアンの守衛おじさんがピジンをしゃべっていたりする。ピジンは、だからエリートのことばじゃなくて、ローカルな庶民のことばなんだと思うよ。

クレオール（creole）母語化したピジン。あるいは、植民地や移民社会などで複数の文化要素が融合した状態のこと。

学校じゃ、ピジンを使っていると、メインからきた白人の生徒から「何よ、それ」ってバカにされたりすることもあるよ。でも、ナニは、そんなおばさんやおじさんとピジンで話すとき、本当にホッとするんだ。ミスター・ミトの話すピジンも大好き。ナニは、だからきっと、田舎の中学校で過ごした一年間に、根っからのローコーのスピリットをもらったんだと思う。これって素敵なことじゃない？　ナニにはそう思えるけどね。

いろいろな文化が混ざり合って雑草みたいになっている状態をクレオール的というんだって。おとうさんは多文化主義はそれなりに大変だっていっていた。エスニックとエスニックが触れあうところで、互いにぶつかりあって傷つけあうのはつらい。けれど、クレオールはそれとはちょっと違うんじゃないかな。傷つけ合うのではなくて、もしその触れあうところで、互いにすこしずつ混じりあえたら、ちょっとは理解しあえるし、ハッピーになれるんじゃないかな。ハワイ式ピジン英語があるから、ハワイとメインでは人間関係のあり方も違うのかもしれない、なんて思うよ。もしそれが本当なら、ナニはどちらかといえば、クレオールの方がいいな。

第六夜
「ライフ・イズ・ミラクル」をみて話す
創られる「民族」という神話

「ライフ・イズ・ミラクル」
二〇〇四年、フランス／セルビア・モンテネグロ映画、監督エミール・クストリッツァ　DVD発売元：アミューズソフトエンタテインメント
価格：三九九〇円

おとうさんが持ってきた「ライフ・イズ・ミラクル」は、ボスニア・ヘルツェゴヴィナで本当に起こったエピソードをもとに作られた映画だって。おじさんと若い看護師さんの奇妙な恋愛の映画。と言ってもふたりの出会いはとっても複雑。このおじさんは、ルカというんだけれど、セルビアとの国境近くに住むまじめなセルビア人の鉄道技師。でも、ボスニア・ヘルツェゴヴィナでボシュニャク人*とセルビア人との間で内戦がはじまっちゃう。そのどさくさで、オペラ歌手のおくさんには逃げられ、サッカー選手の息子は戦争にとられて、ひとり暮らしに。しばらくして、息子が敵の捕虜になっちゃったという知らせが届く。ルカおじさんが必死で息子を取り返そうと考えていた矢先、ボシュニャク人で看護師をしているムスリム*の美女を捕虜交換用の人質としてかくまうことになるの。ルカおじさんとしては、ボシュニャク人側で捕虜になった息子とこのムスリムの美女と捕虜交換しようと考えちゃうわけ。

ところが、そこは男と女なのよね。内戦が激しくなってまわりで砲弾が炸裂

ボシュニャク人
ボスニア・ヘルツェゴビナに住むイスラム教徒の南スラブ人のこと。

ムスリム
イスラム教徒のこと。

する夜、結ばれちゃうわけ。戦火で家にいられなくなったふたりは、ルカおじさんがうまれた実家に避難。ところが、そこに逃げてたオペラ歌手の妻が帰ってくるの。もうお定まりの修羅場よね。でも、ルカおじさんは、ムスリムの美女に首っ丈で、いっしょに逃亡生活がはじまる。ところが一方、国際赤十字*が両勢力の間に入って、捕虜交換のプログラムがはじまり、ボシュニャク人勢力に捕まっていた息子とこのムスリムの美女との捕虜交換も予定されるの。ルカおじさんは、究極の選択を迫られちゃうわけ。好きな女をとるか、息子をとるか。看護師さんの彼女も、本当はルカおじさんとそのまま暮らしたいわけ。それで、涙、涙の別れになっちゃう。

息子が帰ってきたのはよかったけど、恋人がいなくなったルカおじさんは、自殺を思い立ち、線路に頭をくっつけて列車がくるのを待つんだけれど、結局、自殺は失敗するってお話。

ごめんね、ナニの解説じゃわかりにくいかな。でも、スラブっぽい民族音楽

*国際赤十字
赤十字国際委員会のこと。各国の赤十字とは別組織。

がとても印象的で、こんがらがった民族の憎しみや内戦の悲劇の最中でも、民族を超えた愛がありうるんだっていうテーマは、ナニにも、とてもよくわかったよ。おとうさんも、愛がテーマの映画を観るんだ。意外とロマンチストじゃんか。

この映画は、おとうさんの見方では、ボスニア・ヘルツェゴヴィナ版の「ロミオとジュリエット」*だと思う。「ロミオとジュリエット」は、シェークスピアが書いた悲劇*のひとつだよね。モンターギュ家とキャビレット家というふたつの旧家が争っている。ところが、モンターギュ家のロミオという若者が、キャビレット家のジュリエットという美しい娘と恋に落ちてしまう。ふたりは、すれ違いで結婚することはできずに、死んでしまうという筋書きなんだけれど、この「ロミオとジュリエット」の悲劇がもつ設定、つまり、対立するグループにそれぞれ属する男女が恋に落ちてしまい、グループへの忠

「ロミオとジュリエット」
イギリスの劇作家のシェークスピアが書いた悲劇のひとつ。一六世紀末に初演。

シェークスピアが書いた悲劇
四大悲劇は、「ハムレット」「マクベス」「オセロ」「リア王」。

誠をとるか、好きな異性への愛をとるか悩むというテーマは、演劇や映画で繰り返し取り上げられてきたんだよ。

たとえば、ハリウッド映画の「ウエストサイド物語」*。ほらジョージ・チャキリス*が指を弾きながらかっこよくダンスする、あのミュージカルもそうだよ。このミュージカルでは、ニューヨークのストリート系の若者たちの間で、アメリカ生まれのグループと移民のグループが対立している。で、その対立するグループに別々に属している男女が恋に落ちてしまうというお話なんだ。手塚治虫*の鉄腕アトムにも、対立する科学者が作ったロボットの男女が愛し合ってしまうというマンガ版の「ロビオとロビエット」があるよ。

この「ライフ・イズ・ミラクル」の場合は、対立しているのは民族なんだ。「ロミオとジュリエット」をシェークスピアが書いたのは一六世紀の終わりなんだけれど、そのころの家というのは、現代のような少人数の家族なんかじゃなくて、血縁でつながった強い運命共同体だったんだね。そのよう

「ウエストサイド物語」
一九六一年、アメリカ映画、監督ロバート・ワイズ。

ジョージ・チャキリス
一九三四年生まれ、アメリカのミュージカル男優。

手塚治虫
一九二八～一九八九年、大阪府豊中市生まれの漫画家。「鉄腕アトム」「火の鳥」「ブラックジャック」など作品多数。

な運命共同体を現代という時代でさがせば、民族だというわけなんだ。だから、この映画を作った監督は、そういう意味でも、「ロミオとジュリエット」の主題をこの映画に持ち込んだんだと思うな。

ロミオ役の主人公、ルカという鉄道技師は、ボスニア・ヘルツェゴヴィナのセルビア国境近くに住むセルビア人という設定になっている。それも、鉄道の建設のために、ベオグラードからいやがる家族を引き連れてやってきた。息子のミロシュはサッカー選手になるのが夢。妻のヤドランカは才能はなさそうだけれど、それでも現役のオペラ歌手。一家をあげてボスニア・ヘルツェゴヴィナの田舎にやってきたわけだよ。

一方、ジュリエット役は、おそらくはサラエボ出身のボシュニャク人でムスリムのサバーハという看護師さんだ。近くの町の病院に勤めている。ルカはお父さんより少し若いくらいの中年のおじさんで、他方、サバーハは、まだうら若い未婚の女性。普段ならありえない組み合わせのカップルが、内戦という異常な事態の下で誕生するんだ。

この映画で監督がいいたかったことをきちんと理解しようとするなら、旧ユーゴスラビアで起こったボスニア・ヘルツェゴヴィナ紛争について、その歴史的な背景をしっかりと理解しておく必要があるんだ。だから、まず、簡単に旧ユーゴスラビア問題の説明をしておこうね。

なぜ、旧ユーゴスラビアというかといえば、もうこの国は、今、存在しないからだ。二〇〇二年にユーゴスラビアという国はばらばらになって、なくなってしまったんだ。

さて、この旧ユーゴスラビアがどこにあるかといえば、アドリア海の東岸。アドリア海ってどこにあるかって？　ほらイタリア半島の東側にある海がアドリア海だよ。宮崎駿のアニメ「紅の豚」*の舞台もこの海だ。だから、旧ユーゴスラビアは、アドリア海をはさんでイタリアの対岸にある国。ヨーロッパの地図をみると、この旧ユーゴスラビアはヨーロッパの南東部にあるバルカ

＊「紅の豚」
宮崎駿監督、スタジオジブリ制作の長編アニメーション映画。一九九二年公開。

ン半島に属する国だとわかる。

　このバルカン半島は、歴史的にみると旧ローマ帝国、オスマン帝国、オーストリア・ハンガリー帝国*といった多民族国家に支配されていた時代が長かった。それで、その間に、各地から移り住んできたいろいろなエスニックたちが、複雑に混ざりあう地域になっていた。この旧ユーゴスラビアほど民族や宗教が複雑に入り組んだ土地はないといっていい。いかに複雑かをいい表す表現に、こういうフレーズがある。

「七つの隣国、六つの共和国、五つの民族、四つの言語、三つの宗教、二つの文字により構成される一つの国」

　まず、七つの隣国とは、イタリア、オーストリア、ハンガリー、ルーマニア、ブルガリア、ギリシア、アルバニア。六つの共和国というのは、連邦国家だったユーゴスラビアを構成した共和国のことで、スロベニア、クロアチア、セルビア、モンテネグロ、ボスニア・ヘルツェゴヴィナ、マケドニア。五つの

オーストリア・ハンガリー帝国
ハプスブルグ家が統治した多民族国家。一八六七年に誕生し、一九一八年第一次世界大戦の敗北によって解体した。

民族というのは、スロベニア人、クロアチア人、モンテネグロ人、セルビア人、ボシュニャク人、マケドニア人。四つの言語というのは、スロベニア語、セルビア・クロアチア語、ボスニア語、マケドニア語。三つの宗教とは、カトリック、東方正教会*、イスラム教。ふたつの文字とはラテン文字とキリル文字。こういう具合に、エスニックごとに、ことば、文化、宗教、生活習慣が違う。いやもっと正確にいうと、複数のエスニックにまたがって宗教や言語や文字が同じだったり、異なっていたりと、互い違いの入れ子構造になっていた。それらが、ひとつの国家としてまとまってきたのには、それを可能にする歴史的な条件があった。

ユーゴスラビアという言葉の意味は、「南にあるスラブ人の国」という意味なんだ。この国が誕生したのは、第一次世界大戦の後だった。この戦争でバルカン半島に住むスラブ人たちは「スラブ人は一体だ」という考えに共鳴して戦い、オーストリア・ハンガリー帝国を打ち破った。そして、一九二九

東方正教会
キリスト教の宗派のひとつ。一〇世紀頃、現在のカトリックの前身である西方教会と分裂した。ギリシャ正教とも呼ばれる。

年にユーゴスラビア王国を作った。この時は、セルビア出身の王様が権力を握って、他のエスニックたちを半ば力づくで従えたんだ。

それに対し、なかでもクロアチア人たちは激しく反発して、王様を暗殺してしまう。さらに、第二次世界大戦が始まってドイツのナチスやイタリアのファシスト党*がユーゴスラビア王国に侵入し王国を分割すると、クロアチアの民族主義者たちは、ドイツやイタリアの力をかりて、一九四一年に、クロアチア独立国を作ったんだ。このように、ユーゴスラビア国内では、エスニックたちの内紛は深刻だった。

しかし、それを仲直りに持ち込んだのは、反ナチスの抵抗運動を指導していたヨシップ・ブロズ・チトー*という社会主義者のリーダーだった。かれはパルチザン*と呼ぶゲリラ抵抗組織を指導して、ナチスを追いはらってしまった。この時、他の東ヨーロッパ諸国は、ソ連の力を借りてナチスを追い出した。ところが、チトー自身は共産主義者であったけれど民主主義的な体制を

ファシスト党
一九二一年にイタリアのムッソリーニが結成した国家主義政党。

ヨシップ・ブロズ・チトー
(Josip Broz Tito)
一八九二〜一九八〇年、ユーゴスラビア生まれの共産主義者の政治家。戦後、ユーゴスラビア大統領として同国を指導した。

パルチザン
ゲリラ戦法をとる軍事組織のヨーロッパでの呼び方。

保ち、イギリスやアメリカの支援をうけて、ソ連の力を借りないで民族解放を勝ち取った。だから、戦後もチトーのユーゴスラビアは、自主管理社会主義*というユニークな経済運営を続けたんだ。そういうわけだったから、国内でのチトーの名声と信頼は抜群で、死ぬまでユーゴスラビアの政治を指導しつづけたんだ。

チトーは一八九二年に、クロアチアのクムロベツというところで生まれた。かれはおとうさんがクロアチア人、おかあさんがスロベニア人のダブルの子どもだった。それが理由かどうかわからないけれど、チトーが指導するユーゴスラビア政府は、民族融和主義を貫いた。チトーのカリスマ*はすごかったから、仲の悪いエスニックたちも逆らわなかったんだね。

ところが、一九八〇年にチトーが死ぬと少しずつエスニックたちの間に不和や不満が広がっていった。一方、冷戦崩壊によってソ連や東ヨーロッパの社会主義政権が倒れ、自由主義体制に変わると、ユーゴスラビアも、自由化

自主管理社会主義
ソ連型の社会主義体制が官僚主義に陥っていることを批判して、人民による自治と分権による自主管理で社会主義社会を運営しようという政治思想。

カリスマ
人びとを魅了する超人的な能力と人望を持った人物のこと。

を求めてストライキや争議が続発して、社会は混乱した。

一九九〇年代に入ると、ユーゴスラビアの各共和国でいっせいに自由選挙が行なわれた。その結果、それぞれの共和国では、社会の混乱の原因を他民族のせいにする、非常に排他的で民族主義的な政権が生まれていったんだ。

ここで、民族主義とはなにか、かんたんに説明しておくね。民族主義とは、いつも自分が属する民族を政治や文化の中心に考え、国民一人ひとりの個人の生き方より民族の存続と発展を最優先させるべきだという考え方だ。「民族なくして、個人なし」という考え方。しかし、それは同時に、植民地のような地域の人びとにとっては、強国の支配を脱して自分の国を持ちたいという強い願望を呼び覚ます思想でもあるんだ。

チトー時代のユーゴスラビアには、ユーゴスラニズムといって、共和国連合としてのユーゴスラビア全体の一体感を大事にする考え方が支持されていた。この時代に育った世代には、自分のことを、セルビア人とかクロアチア人とかのエスニック名ではなく、「ユーゴスラビア人」だと名乗る人たちもたくさんいた。ところが、選挙の結果、それぞれの共和国の多数派エスニックたちの間で民族主義が政治力をもつようになった。そして、それぞれの共和国が完全な独立国家になるべきだという考えが支持されるようになっていった。他方、民族の融和を支持する人びとは、民族融和をかかげてきたユーゴスラビア連邦が経済的に行きづまったために自信をなくし、民族主義者に対抗する力を失っていたんだ。

これらの共和国のなかで経済が一番よかったのは、西ヨーロッパに近くて、工業化が進んでいたスロベニア共和国だった。このスロベニア共和国で、一九九〇年に選挙が行なわれた結果、多数派のスロベニア人による民族主義的な連立政権が生まれた。この政権は経済主権をとなえて九一年に独立を宣言し、それに待ったをかけたユーゴスラビア連邦軍と武力衝突する事態になった。でも、この戦争はＥＣ*が仲裁に入ってわずか一〇日で停戦し、スロ

*ＥＣ
(European Community)
ヨーロッパ共同体。一九九二年のマーストリヒト条約にもとづいて政治経済を統合した国家連合。

ベニアはスロベニア人の民族主義者が権力を握る独立国になってしまった。

同様に、クロアチア共和国の多数派だったクロアチア人たちも、独立を望んだ。一九九〇年に選挙で分離独立派が勝利すると、クロアチア共和国の独立を宣言したんだ。

ところが、スロベニアと違って、こちらはスムーズにいかなかった。独立の動きに対して、セルビア人が主導権を持つユーゴスラビア連邦政府は、連邦軍をクロアチアに派遣し、クロアチア共和国軍と戦争になってしまった。

この戦争は長期化した。戦争の中で、いろいろな血なまぐさい事件が次々と起こった。たとえば、クロアチア軍が西セルビアに住むセルビア系の住民を追い出すために行なった作戦では、百人を超える一般住民の虐殺が行なわれた。その結果、迫害を恐れて、二〇万人ものセルビア人が難民になったといわれている。この作戦を指揮した将軍は、その後、オランダのハーグに設置された旧ユーゴスラビア国際戦犯法廷*で裁判にかけられているよ。

旧ユーゴスラビア国際戦犯法廷
一九九三年の国連安保理決議八二七によって、オランダのハーグに設置された国際刑事裁判所。

この戦争が、いわゆる旧ユーゴスラビア内戦の本格的な始まりだった。その後、内戦の火は、ボスニア・ヘルツェゴヴィナ共和国へも拡大していった。当時、総人口四三〇万人のボスニア・ヘルツェゴヴィナ共和国も、先のふたつの共和国にならって、自由選挙の後、多数派のボシュニャク人が政権を握り一九九二年に独立を宣言した。そして、同じように、それにセルビア人が反対して、内戦になった。それが、この映画の舞台背景なんだ。

ボスニア・ヘルツェゴヴィナ共和国の内戦では、ふたつの勢力が争ったんだ。ひとつは、人口の四四パーセントを占めるボシュニャク人の勢力。でも、これでは過半数にならないので、これに一七パーセントのクロアチア人の勢力が味方し、過半数を超えた連合勢力を作った。もうひとつは、三三パーセントの人口を占めるセルビア人の勢力だった。この少数派のセルビア人は、ボシュニャク人主導の共和国になると、クロアチア共和国の独立時のように迫害されるかもしれないと恐れた。そこで、自分たちの支配地域をボスニア・ヘルツェゴヴィナ共和国から分離して、別のセルビア人中心の国を作るか、あるいは、隣のセルビア側とくっつき、当時はまだ存在していたユーゴスラビア連邦の一部に留まりたいと考えたんだ。

このとき、セルビア共和国とモンテネグロ共和国は、ユーゴスラビア連邦内の共和国がばらばらに独立するのに反対していた。セルビアとモンテネグロは、宗教も民族もことばも非常によく似ていたので、当時は、自分たちはともにセルビア系だという認識があった。そこで、自分たちセルビア人が主導権をもつユーゴスラビアという連邦国家を続けていきたいと考え、他の共和国が独立していくことに反対した。そして、それぞれの共和国内に住んでいるセルビア人と連絡して、共和国の独立に反対し、あるいはセルビア人が多く住む地域の分離を要求し、それをユーゴスラビア連邦の名において支援したんだ。

ほら、映画に出てくるセルビア人側の軍隊の旗は、赤、白、青の横縞の上に赤い星がついているだろう。この旗は、もともとはユーゴスラビア連邦の旗*だよ。しかし、このとき、ユーゴスラビア連邦軍は、すでに実質的にセルビア民族主義の軍隊となっていた。というのも、それぞれの共和国が独立していくと、その民族出身の軍人たちは、それぞれの共和国軍に移っていき、さらに、ユーゴスラビア軍に残ったセルビア系の軍人の中では、かつてのようなユーゴスラビア全体のために戦うというユーゴスラニズムの考え方をもつ軍人たちは追い出され、セルビア民族主義の軍人たちに実権を奪われていたからなんだ。

　セルビア人の宗教は旧東ローマ帝国時代のキリスト教の流れを引く東方正教。話すことばはセルビア・クロアチア語だ。一方、ボシュニャク人は、話すことばはセルビア・クロアチア語とそれほど変わらないボスニア語だけれど、宗教はイスラム教を信じている。このふたつのエスニックたちに、カトリック教徒が主流のクロアチア人勢力もからんで、たがいに血を血で洗う戦

ユーゴスラビア連邦の旗

闘を繰り広げた。

首都サラエボの周辺は、ボシュニャク人が多数を占める地域だった。これに対し、セルビアとの国境周辺には、セルビア人が多数すむ地域が広がっていた。しかし、そもそも長い間、ユーゴスラビア連邦の下で自由に往来し、みんな入り乱れて生活していたわけだから、ここから右はボシュニャク人の地域、ここから左はセルビア人の地域なんて区分することは、どだい不可能だった。

とくに、ボスニア地方は、セルビア人、ボシュニャク人、クロアチア人が入り乱れて住んでいる度合いが高かった。エスニック間の結婚も盛んだったし、互いに日常生活のレベルでもずいぶんと混ざりあって暮らしていた。

映画の中でも、そのような状態がよく描かれている。息子のミロシュがいつも入りびたっていた友だちの家族はボシュニャク人の一家だったよね。ボシュニャク人はイスラム教徒だからラマダン*という断食をする。そして、ラ

ラマダン
「断食月」のことで、イスラム教の信者たちが一ヵ月間断食をする。

マダンの期間が終わると、ごちそうを作ってラマダン明けを盛大に祝う風習があるんだ。だから、セルビア人のミロシュも、友だち一家のラマダン明けのごちそうに招待されて、それをとても楽しみにしていた。そのくらい、エスニック同士が混じりあって暮らしていたんだね。

しかし、いざ内戦の噂が立ち始めると、どちらのエスニックも、民族主義を唱えるグループがさらに権力を握るようになっていった。というより、そういうグループがたがいに暴力で挑発し合うことで内戦に誘導していったといってよい。そのなかで、いっしょに共存して生きていこうという考えの人たちは沈黙を強いられてしまったんだ。

自分のエスニックこそ一番優れているという考え方を、自民族中心主義（エスノセントリズム）というんだ。この自民族中心主義にかられた民族主義者は、セルビア人、ボシュニャク人、クロアチア人の間に、相互不信と疑心暗鬼を持ちこんだんだ。互いに憎しみあうようにし向けるために、わざと相手側の非戦闘員の女性をレイプしたり、虐殺したりした。

ひとつの地域から自分たち以外のエスニックをすべて抹殺しようとすることをエスノ・クレンジング*と呼ぶ。ナチスが第二次世界大戦中にユダヤ人を抹殺しようとした歴史を思い起こさせるような、恐ろしい響きをもつことばだろう。世界の他の国々では、いろいろなエスニックたちが共存しようと努力しているのに、旧ユーゴスラビアの中では、それとはまったく正反対のことが起こっていたわけなんだね。中でもセルビア軍の乱暴が目立っていた。虐殺を指揮したセルビア軍のムラジッチ将軍*は、その後、ハーグの戦犯法廷から指名手配を受けているが、残念ながら、今も、セルビアにいて捕まっていない。このような虐殺に手を染めた結果、セルビア民族主義者の自民族中心主義は、世界中の非難を浴びていった。とくにアメリカでは、そのようなイメージがマスメディアによって増幅されていった。というのも、軍事力で劣勢だったボスニア・ヘルツェゴヴィナ共和国政府、つまり、ボシュニャク

エスノ・クレンジング
民族浄化。ひとつの社会から特定の民族以外の民族をすべて追放したり、抹殺したりすること。

ムラジッチ将軍
ラトコ・ムラジッチ、一九四二年生まれ。ボスニア・ヘルツェゴビナのセルビア人武装勢力の元軍事司令官。

人勢力は、超大国アメリカの世論を味方につけるために、アメリカの広告会社ルーダー・フィン社*と契約して、「セルビア人は民族浄化作戦をやろうとしている悪者だ」というキャンペーンをやらせ、それが大成功したんだ。しかし、冷静にみれば、セルビア人以外のエスニックたちも、民族主義者が勢力を拡大し、虐殺やレイプ、略奪など、きたない戦争に十分手を染めていたんだ。

この映画はちょうどボスニア・ヘルツェゴヴィナが独立を宣言して、それに反対するセルビア人勢力が内戦に突入する時の前後を描いている。このような時代背景がわかると、映画の中のエピソードがよりはっきりとわかるようになってくると思わないかい。

たとえば、息子のミロシュがボシュニャク人の友だちの家に入りびたっているのを知って、母親のヤドランカは、もうこれからは付き合わない方がいいんじゃないかと心配しているよね。テレビのニュースは、首都のサラエボ

*ルーダー・フィン社
(Ruder Finn)
ニューヨークに本社をもつアメリカの広告会社。一九四八年に設立され、従業員数四五〇人。

で民族主義者たちが互いに引きおこすテロや銃撃の様子を伝えているからね。

他にこんなシーンもある。息子のミロシュにベオグラードのプロサッカー・チームからせっかくオファーがきたのに、連邦軍の召集令状も同時に届いてしまう。壮行会の夜、心配するルカおじさんは、友人の連邦軍の将校に内戦の可能性についてたずねる。その問いに対し、セルビア民族主義者である将校は「われわれがすべて掌握しているから戦争は起こらない」と自信ありげに答える。それを聞いた妻のヤドランカは、こう言うんだ。「そういうことをいうヤツに限って戦争を始めるものなんだよ」ってね。

歴史はヤドランカの予言通り、ボスニア・ヘルツェゴヴィナは内戦に突き進んでいくんだ。そして、エスニックたちが仲良く暮らしていたこの国境沿いの町にも戦火は及んでくるんだ。

この映画を作った監督のエミール・クストリッツァ監督*は、サラエボ出身で、セルビア人の父とムスリムの母の間に生まれた子どもなんだ。ナニの

*エミール・クストリッツァ（Emir Kusturica）一九五四年〜。映画監督。プラハで映画を学び、サラエボでテレビ制作に携わる。「アンダアーグラウンド」でカンヌ映画祭パルムドールを受賞。

親友のエリカちゃんと同じように、エスニックが異なる親たちから生まれたダブルだった。ユーゴスラビアが、エスニックたちが共存する多民族国家として存在していた時代、異なったエスニックたちの間の結婚も多かったから、ダブルだという意識すらなかったかもしれない。ほら、ナニのおとうさんは関西人でおかあさんは関東人だろ。でも、ナニは、自分が関西人と関東人のダブルだって思ったりしないだろ。

ところが、内戦が始まると、ボスニア・ヘルツェゴヴィナの人びとは、どちらかの勢力に分類されることを強いられるようになっていった。ダブルだということをはっきりさせてしまうと、どちらの勢力からも追い出されかねないからね。だから、片方の自分を隠して、どちらかの側になりきるしかなかった。

このエミール・クストリッツァ監督も、そういうダブルのひとりだったとおとうさんは思う。だから、民族主義を煽って戦争を始めた連中のことが大嫌いだったんだ。監督の心の中には、エスニックに関係なく仲良く暮らしていたユーゴスラビア時代を懐かしむ気持ちがあったんだろうね。

この映画を観ていると、民族は作られていくということがとてもよくわかる。それも皮肉たっぷりにね。人びとは、最初、民族のことなんかぜんぜん気にしないで暮らしていたのに、だんだんと民族を基準に物事を考えるようになっていった。セルビア人だからこう考えるはずだとか、ムスリムならこうするはずだとかね。

でも、この監督は、そういう固定的なイメージづくり*に対して疑問を感じていたんだろうね。というのも、かれは、固定的なエスニックのイメージを打ち破るようなキャラクターを、映画を観る者たちに突きつけているからなんだ。

たとえば、その一番はっきりとした例が、ヒロインである看護師のサバーハだよ。彼女は、ムスリムという設定になっている。しかし、典型的なムス

*固定的なイメージづくり
固定化されたイメージをステレオタイプという。

リムの女性とはほど遠いスタイルをしている。アラブ系のムスリム女性たちの装束などを想像すればわかるけれど、ムスリム女性は家の外では髪をベールやスカーフでしっかりと覆っているという固定的イメージがあるよね。

しかし、この映画の監督は、サバーハをそう描かないんだよ。ムスリム女性にもいろいろあって、美しい髪をそのまま見せる人たちもいるんだよっていいたかったのだろうね。

ところが、民族主義が力をつけると、ライフスタイルや生活習慣を伝統的だと信じられている特定の型にはめ込んでいこうとする。これは、ムスリムだけの傾向じゃなくて、いろいろなエスニックたちに共通する傾向なんだ。

エスニックたちのライフスタイルや文化をどう考えるか、ふたつの立場がある。ひとつは、それぞれのエスニックには、揺るがしがたい伝統と性格があって、それは時代や地域に関係なく、永久に変わることなく受け継がれていく、エスニックの本質なんだという考え方。これを、学問的には、文化本質主義というんだ。これに対して、別の考え方がある。エスニックたちのライフスタイルや文化の特性というものは、歴史の中で、時代時代の環境や自分たちの利害に応じて、エスニックたちが創意工夫して作り出してきたものだとする考え方だ。これを文化構築主義という。

ナニは、こういう学術用語を覚える必要はないけれど、この監督の映画を観ていると、セルビア人であれ、クロアチア人であれ、ボシュニャク人であれ、民族主義者たちが押しつけてくる文化本質主義に対して、「そんなのはお前たちの勝手な言い分だ」って、反発しているように思えてくるな。

日本が太平洋戦争に突入し、アメリカと戦争していたとき、なんでも日本式にしないと非国民*だと虐められ、ひどいときには、警察に連行されて拷問されたりした。英語やジャズは禁止、神話を本当の歴史だとむりやりこじつけ、だから天皇は神様だと信じるように強制した。天皇について批判的なことをいう人は、不敬罪*という罪状で処罰された。民族主義が行き着くところ

非国民
戦前戦中、日本の国家体制に服従しない者を攻撃するために使われたことば。

不敬罪
一八八〇年に制定された旧刑法において、天皇や天皇家にまつわる事象に対して、その尊厳を冒す行為を罰する条項が設けられていた。

にはそういう極端な世界がある。

しかし、民族主義者が絶対化する伝統って、本当に日本古来のものなのだろうか。たとえば、サクラの花は「パッと開いて、パッと散る」から武士道精神*の象徴のようにいわれ、あの靖国神社*にもたくさんのサクラの木が植えられているけれど、本物の武士が支配していた江戸時代では、サクラの花のような華美なものは、武士の暮らしに似つかわしくないという理由で、城には植えられなかったらしい。サクラと武士道を結びつけるのは、むしろ明治になってからのことだった。

民族の伝統だというものの中には、このように意外に新しく作り出された*り、他の文化から借用されたりしたものがたくさんあるんだ。

わたしたちは、民族の伝統とか風習とかいうものが、そのような実に移ろいやすいものだということを自覚することが大切なんだと、おとうさんは思う。そうすることによって、すくなくとも、民族とか伝統とかいうことばを

武士道精神とサクラ
新渡戸稲造が『Bushido』の中で、「武士道はその表徴たる桜花と同じく、日本の土地に固有の花である」と述べて、関連づけたのが始まり。

靖国神社
近代以降、日本の戦争に従軍し、政府側に立って戦死した軍属を祭る国家神道の神社として国家によって一八七九年に設立された。戦後は宗教法人となった。

新しく作り出された
あたかも旧来からの伝統のように新しい伝統を作り出すことを「伝統の発明」と呼んでいる。

聞いたとたん、頭が硬直してそれ以上ものごとを考えることができなくなってしまうというような状態から逃れることができるから。

でもね、そんなに理屈っぽくならなくても、この映画のルカおじさんとサバーハのように、恋愛の力が民族や伝統文化の垣根を飛び越えさせてしまうことも、いつの時代にもあることなんだろうね。だから、人間は面白い生き物だっていえるんだよ。

最後にね、ちょっと別の話をしてもいいかい。この映画には、実にたくさんの動物がでてくるよね。中でも、物語の要所要所でとても暗示的な役割を与えられて登場する動物がロバだ。最初、ロバが郵便配達のおじさんを通せんぼする。配達人がその理由をきくと、ロバの飼い主の棺桶職人が答えるには、このロバは失恋して、自殺したいと思っているらしい。それ以来、このロバは何度も登場し、最後に、主人公のルカの自殺を止めるのも、このロバなんだ。

映画にこのような動物が登場する時は、重要な象徴的意味が隠されている場合が多いんだ。そして、その象徴的な意味を読み解こうとするとき、ヨーロッパの芸術が培ってきたキリスト教美術の伝統が深くかかわってくる。ロバは、聖書では、イエス・キリストがエルサレムに入ってくるときに乗っていた動物なんだよ。だから、このロバは、ただのロバじゃなくて、聖性を帯びたイエスの持ち物、美術史学でいうアトリビュート*ということになる。つまり、このロバが登場するシーンの中に、イエス・キリスト的な存在が隠されていることを暗示していると解釈できるんだ。

さあ、ナニは、この映画でロバが登場するいくつかのシーンをもう一度、点検してみてごらん。もちろん、すべてのシーンがそうだということにはならないけれど、きっとこの世に救いと許しをもたらす救世主が見つかるかもしれないよ。

そして、それがわかると、この映画を作った監督が、なにに救済を託そう

アトリビュート
(attribute)
絵画において、描かれた人物を特定するために、特定の持ち物をあわせて描くことがある。そのような人物を特定させるために描かれた持ち物をいう。

としたのかがわかってくるに違いない。そういう意味では、この映画自体がヨーロッパのキリスト教文化の伝統の枠組をしっかりと受け継いでいるということなのかもしれないね。伝統というのは、どんどん変化していくものでもありながら、他方で、実に奥の深いものでもあるんだね。

第七夜

「ホテル・ルワンダ」をみて話す
民族問題の影に隠れるものの正体

「ホテル・ルワンダ」
二〇〇四年、南アフリカ／イギリス／イタリア映画、テリー・ジョージ監督　DVD発売元：インターフィルム　販売元：ジェネオン・エンタテインメント
価格：四九三五円

おとうさんとビデオを観るのも今夜で最後。難しい映画や正直言って退屈な映画もあった。でも、おとうさんがこの映画を最後の映画に選んだ理由はなんだろうとナニは考えてしまった。

映画はとても悲しくてつらい内容だった。ルワンダ*というアフリカの貧しい国で起こった民族間の争い。いや争いなんてそんななまやさしいものじゃない。ひとつの民族による、もうひとつの民族の大量虐殺事件。

かつてドイツそしてベルギー*が植民地にしていたルワンダ。そこには、もともと少数派のツチと多数派のフツというふたつのエスニック・グループが住んでいた。支配者の白人は、肌の色がうすく遊牧生活をしていたツチの方が、白人に似ているから人種的に優秀だと考えた。他方、肌が黒く農耕民だったフツを劣等人種とみなした。そして、ツチに、フツを監視したり、使役したりする役目をさせた。だから、フツの人たちは、ずっとツチをうらんでいたの。

ベルギーによる植民地支配がおわったあと、クーデターでフツの政権が生ま

ルワンダ
アフリカ中央部の内陸にある国。首都はキガリで、人口は約七九五〇万人。アフリカでも屈指の人口密度を示している。

ベルギー
西ヨーロッパの国で、ベネルクス三国のうちのひとつ。首都はブリュッセルで、人口は約一億三百万人。かつてアフリカのコンゴを植民地にしていた。

れた。ところが、そのフツの大統領が乗った飛行機が墜落してしまうの。すると、フツのラジオが、大統領はツチに殺されたというニュースを流して、すべてツチの陰謀だとされてしまう。ラジオは、フツの一般民衆にツチを抹殺するよう扇動しつづけた。手斧やピストルで武装したフツの民兵*が、ツチの村や家々をおそい、つぎつぎとツチの人たちを皆殺しにしていった。ものすごい数の人びとが虐殺された。フツの政府軍は、それを黙認したの。

この映画は、そんな混乱のなか、虐殺から逃れてきたツチの人たちを命を賭けてかくまい続けたひとつのホテルを描いている。ホテルの支配人*は、フツ出身。でも、妻はツチ。最初は、家族を守ろうとしただけ。でも、だんだん逃げてきたみんなを守る決意を固めていった。最初のころは、国連の平和維持部隊*が、外国人もたくさん泊まっているホテルを守っていたから、フツの民兵も手を出せなかった。ところが、虐殺が全土に広がり、それに反撃するツチの反乱軍とフツの政府軍との間で内乱が広がると、国連は平和維持部隊を引き上げてしま

民兵
正規の軍隊ではない、民間人が一時的に武装した軍事組織。ルワンダの場合は、武装したフツの一般民衆。

ホテルの支配人
ポール・ルセサバギナ(Paul Rusesabagina)一九五四年ルワンダ生まれ。ケニア大学でホテル経営学を学び、八四年〜九三年までキガリにあるミル・コリン・ホテルの支配人を務め、内戦を見つめつづけた。現在はベルギー在住。

うの。

それで、ホテルの支配人は、孤立無援になってしまう。しかし、フツの民兵やフツの軍人に脅され続けながらも、かれは必死で家族やホテルに逃れてきたツチの人びとを守った。映画は、そんな支配人とそのスタッフたちの勇気と英雄的行為の物語。中には、裏切り者もいたけどね。

でも、観おわってからナニは考えた。ホテルに守られたラッキーなツチの人びとは、ほんの一握り。それにくらべて虐殺された人びとは、何十万人にものぼる。だから、映画は感動的だったけれど、民族紛争をどう解決すればいいのかについては、なんにも触れていない。

おとうさんは、この映画を最後にみせて、ナニを絶望させたいのかな。それとも、ほかにいいたいことがあるんだろうか。ねえ、おとうさん。もし何かいいたいことがあるんだったら話してよ。

国連平和維持部隊
国連の平和維持活動（PKO）を実践する部隊。国連憲章第一章「国際の平和および安全を維持する」ために国連が派遣する小規模な軍隊。

ルワンダという国で起こった大量虐殺事件*をテーマにした映画。日本ではアフリカの虐殺がテーマの映画なんて絶対に流行らないと映画業者のプロたちは考えて、日本で公開する気がなかった映画だよ。ところが、若い学生たちが中心になって、ぜひこの映画を上映しようという署名運動*が起こった。短期間に数千人という署名を集めた熱意が実って、各地で緊急上映が実現したんだ。すると、プロの業者たちの想像をはるかに超える人びとが映画を観にきたんだ。そして、すっかり評判になった。

映画の中で、こんなシーンがある。フツの民兵がツチの住民を虐殺している事実を、外出禁止をくぐり抜けて撮影してきたテレビカメラマンがいた。その映像をみた主人公のホテル支配人がカメラマンにいう。「この映像が世界に公開されたら、きっと国際援助がくる」。ところが、カメラマンは、こう返すんだ。「視聴者はこの映像をみて、怖いねっていうだけで、また、夕ご飯を食べ続けるだけだ。それが現実なんだ」。

ルワンダ大量虐殺事件 一九九四年に、フツ族出身の大統領の飛行機事故死をきっかけに、フツによるツチの大量虐殺事件が始まり、約百日間で国民の一〇パーセントにあたる五〇万人が虐殺されたとされた事件。

上映しようという署名運動 「ホテル・ルワンダ」日本公開を求める会。若者たちがインターネットなどを通して署名活動を行ない、短期間に約四五〇〇の署名を全国から集めた。

アフリカで起こっている飢餓や暴力や伝染病……。先進国の人びとは、もうそういうニュースやテレビ映像に慣れっこになっている。「また、アフリカか」ってね。日本の女の子がアメリカに臓器移植手術を受けにいく費用の募金には、たくさんのボランティアが協力し、テレビも募金運動のことを熱心に報道する。そして、何千万円というお金があっという間に集まる。ところが、アフリカで起こっているそれより何千倍も多くの子どもの命の危機については、「またか」という程度の関心しか人びとは示さない。

だから、この映画の日本公開に消極的だったプロの業者たちも、きっとそういう日本人の反応を予想していたんだろうと思うんだ。「こんな映画を公開しても、おそらく誰も関心をもたないぞ。きっともうからないにちがいない」ってね。

映画を観て署名運動に立ち上がった若者たちは、映画の中でカメラマンが吐いたこのことばに挑戦しようと考えたんだと思うな。「自分たちはそうじゃない」ってね。そんな若者たちがいることは、日本人が世界の悲劇に対してまだ正常な感覚をもっていることを示す、小さいけれど確かな希望なんだとお父さんは思う。とてもうれしいよね。

ただ、この映画を観るにあたって、ルワンダでは、フツとツチがどうしてそこまできびしく対立してしまうようになっていたか、歴史を知っておいた方がいいと思うんだ。おとうさんは、残念ながらルワンダにはいったことがないから、できるだけいろいろな資料を調べたり、知り合いのアフリカ学者に訊ねたりしながら、フツとツチの対立の原因を明らかにしていこうと思う。

まず、最初に注意しなければならないのは、アフリカの人びとを呼ぶときに、無意識に〇〇族という呼び方をしているけれど、そのような呼び方には、ヨーロッパ人の偏った見方や差別感情が無意識のうちに混じりこんでいることなんだ。そのことに、もっと気をつける必要があると思うよ。だから、おとうさんは、ここではあえてツチ族とかフツ族とかのことばづかいはせずに、ただ「フツ」「ツチ」と呼ぶことにしたいと思う。というのは、このフツとツチをあたまから民族あるいはエスニックとみなしていいかどうかという問題があるからなんだ。

このツチとフツという区別の仕方は、ヨーロッパ人による植民地統治以前から緩やかに存在していたといわれている。もともとこの地域に住んでいたのは、今日、フツと呼ばれる人びとの祖先だったといわれている。かれらは自分たちの王国を作っていた。その王国に、今日、ツチと呼ばれる人びとの祖先に当たる人びとが移住してきて、一五、六世紀ごろ、かれらを中心とするルワンダ王国を作った。当初、ルワンダ王国では、政治を支配する人びとにはツチが多かったが、土地を管理する首長にはフツが多かったといわれている。ところが、時代が経つにつれて、このツチとフツの意味が変わってくる。一九世紀になって、ツチ出身の権力志向の王様が登場し、土地の支配権を王家に集中させた。その結果、ツチが権力をすべて握ることになり、支配する人びとをツチと呼び、支配される人びとをフツと呼ぶようになった。つまり、ツチとフツは、エスニックを区別するラベルではなくなり、支配関係、つまり、支配者と被支配者を区別するラベルになったんだ。

ツチやフツは、身分や階層に近い概念だったといってよい。だから、ツチでも没落してフツになる者*もいれば、フツでも出世してツチとして認められる者*もたくさんいた。こうして、もともと地元出身のフツと移住者のツチの間にあったＤＮＡレベルの差異も、ふたつのグループの間で行き来をしている間に、ずいぶんと混じり合っていった。

ところが、このツチとフツという、あってないような差異を、まるで永久不変な区別のように完全に固定したのがヨーロッパ人による植民地統治だったんだ。この地域にやってきたヨーロッパ人がみたものは、背が高く、肌の色がうすい、つまり外見上白人に近いツチが、背が低く、肌の色が濃い、みるからに黒人的なフツを支配しているというルワンダ王国の現状だった。そ

ツチでも没落してフツになる者
グチュピラと呼ばれた。

フツでも出世してツチとして認められる者
クウィフツラと呼ばれた。

して、白人たちは、白人が黒人よりも人種的に優れているという理論がぴったりと当てはまっていると考えた。

この地域を最初に植民地にしたドイツは、第一次世界大戦で負けたために、たいした影響を残さずこの地域から去っていったのだけれど、その後でやってきたベルギーは、この人種理論を徹底的に活用した。つまり、教育、行政、文化のあらゆるところで、ツチとフツという区別を設けて、ツチにはより高い教育を与え、白人の下で行政の下請けをする現地採用のお役人や管理人の仕事をさせた。一方、フツには教育もろくに与えず、最下層の農民や労働者として使役したんだ。そして、この「ツチは優秀でフツは劣等」という差別観念を教育や文化をつうじて徹底的に人びとの頭にたたきこんだんだ。身分証明書にも、ツチとフツという区別がはっきりと書きこまれるようになった。こうしてツチとフツというふたつの人種区別が社会的に作り出された。

ほら、映画の中で、政府軍の兵隊たちが、住民に身分証明書を出させて、フツかツチかをチェックするシーンがあるだろう。こういう仕組みを完璧に作り上げたのが、ベルギーの植民地政府だったんだね。こうして、ベルギーの植民地支配者だけでなく、その下で教育された地元住民も、このツチ対フツという対立をそのまま疑うことなく継承していったんだ。それは、ベルギーの支配が終わった後も受け継がれることになった。だから、ルワンダ虐殺の悲劇は、同じアフリカ人同士による殺戮のように、一見、見えるけれど、実は、その種を仕込んだのはやはりヨーロッパの植民地主義なんだね。ここでも、植民地主義の害悪の大きさがわかるだろう。

植民地主義の支配のもとで、固定化され強化されていったフツとツチという区分と差別は、第二次大戦後も尾を引くことになった。第二次大戦後、ルワンダは国連が認めるベルギーの信託統治領になった。このとき、ツチのエリートたちは、そのうちベルギーが出ていくときには、自分たちが権力を握ろうと考え、着々と準備を始めた。かれらは、ツチ支配を維持するために保守政党を結成*し、権益を守ろうとし、実際、一九五六年の総選挙で政府の主要な地位を独占した。これに対し、不満をいだいたフツは民主主義を建前としてかかげる急進政党*を立ち上げた。このふたつの政治勢力が激しく対立していった。残念ながら、ツチ対フツという壁をこえた自由主義的な政党は生まれなかったんだ。

　このふたつの勢力の争いに、冷戦時代を反映して、海外からの援助も流れこむようになっていった。フツを民主主義勢力と考えた西側の国々、それに対抗して、敵の敵は味方という理屈で、保守的なツチ系を社会主義陣営が支援した。もうむちゃくちゃだね。

　しかし、基本的にエリートのツチは人口では少数派だ。それに対し、一般民衆のフツは数では多数派だ。だから、結局、多数派のフツが少数派のツチの勢力を追い落とすことになっていった。五〇年代の終わり頃になると、各地で、フツによるツチに対する暴動が起こるようになっていく。人種間の憎

ツチ支配を維持するために保守政党を結成
UNAR（ルワンダ国民連合）

民主主義を建前としてかかげる急進政党
PERMEHUTU（フツ解放運動党）

悪が暴力にまで高まってしまうという最悪の事態になってしまった。

ところが、今度は、なんとベルギーは民主主義の建前から、フツの勢力に味方したんだ。ベルギーが仕切る現地政府は、この騒ぎの中で、ツチが襲撃されるのを黙認し、さらに、実質的な行政権をフツの首長にあたえた。こうしてフツの実効支配が確立したあと、一九六二年に、ルワンダ共和国は正式に独立したんだ。この政治的な混乱のなかで、一〇万人を超えるツチが難民となって国外に脱出したといわれる。

独立後も、フツとツチの対立は延々と続くことになっていった。それを説明していたら、時間がいくらあっても足りないので、ここら辺で止めにするけれど、とにかく、おとうさんがいいたいことは、フツとツチという区別は、実は、歴史の中で意図的に作り出されてきた区分だということなんだ。昨夜も話したように、エスニックにしろ、民族にしろ、実は、とても流動的であやふやな区別なのに、それが、あたかも絶対に変わらないかのようにひとり歩きしてしまうことによって、リアルな実体になってしまうという歴史のパラドックスの恐ろしさに気づいてほしいんだよ。

だから、民族問題や人種問題を解決するために、まず最初にしなければならないことは、そういう分類や区別が実は作られたものだという認識をみんながもつことだと思う。そして、そのような認識をもつことができれば、次に、そのような区別や分類の垣根を意識的に崩していくような作戦を実行していくんだ。そうすれば、差別の原因となっていた、分類や区別の仕組み自体が崩れていくだろう。

すこし抽象的でわかりにくいかもしれないから、ここで、話題をすっかり変えて、ひとつのたとえ話をするね。

日本のお相撲では土俵は神聖なものだから、女性は土俵に上がれないという伝統*がある。だから女性の知事さんが優勝力士の表彰をする*ために土俵に上がろうとしても相撲協会のエライサンが認めない。これは女性差別だとお

女性は土俵に上がれないという伝統
女性は穢れているとされ、清浄にこだわる日本の神事から排除されてきたことにその源がある。女性を「穢れ」とした理由は生理の血を穢れとする考え方に由来する。

女性の知事さんが優勝力士の表彰をする
太田房江大阪府知事が、大相撲春場所千秋楽での知事賞表彰の際、土俵に上がって優勝者に直接表彰したいとの意向を日本相撲協会に伝えたところ、「土俵は女人禁制」という角界の伝統を理由に拒否された。

とうさんは思う。また、多くの女の人もそう思っている。でも、伝統だからとなかなか相撲協会は女性たちの意見に耳を傾けない。

さて、どうすればよいか。真っ向からデモしたり、裁判に訴えるというやり方もあるかもしれない。しかし、そういうやり方以外に、頭を使ったこんなやり方はどうだろうか。女性と男性という区別が実はあやふやで人為的に作られたものだという事実をつきつけてみる。そこで、生まれは女性だけれど男性に性転換した元女性今男性という人、生まれは男性だけれど女性に性転換した元男性今女性という人、性同一性障害*のために心は男性だけれど体は女性という人、反対に、心は女性だけれど体は男性という人など、男と女の境界を揺るがすような特徴をもった人たちに協力してもらって、みんながそろって女性知事さんの代理で優勝杯の授与をしにいくとする。さて、相撲協会は、これらの人たちのだれを土俵に上げるのだろうか。きっと議論は混乱して、違った意見が山のように出るに違いないね。それまで、絶対的だと

性同一性障害
精神疾患の一つで、身体的性と自己の性に対する自己意識が異なる障害。

思ってきた、男対女という区分が、通用しなくなったからだ。男対女という対立の構図自体が崩れてしまうかもしれない。もちろん、こんなやり方を実際に実行することは、協力者のプライバシーや人権の問題をきちんと解決しておかないといかないから、それはそれで容易ではないと思う。

でも、おとうさんがいいたいことは、実は、男と女という区別だって、とてもあやふやなものでしかないということなんだよ。はっきりと線が引けて、永遠に区別ができるものだと思い込んでいるけれど、実際は、その境界は時代や考え方によってつねに揺れ動いているんだ。このことをまず人びと、とりわけ、政治的な実権をもっている人たちが自覚することが必要なんだ。そして、そのような区別や境界を意識的に崩していくこと。そういう戦略*が必要だということなんだよ。

さて、映画「ホテル・ルワンダ」は、このようなツチとフツとの不毛な対立の中で、物語が展開していく。映画でも、フツ対ツチという区別の仕方が

＊区別や境界を意識的に崩していくこと。そういう戦略
フランスのポストモダンの現代思想家であるデリダは、そのような戦略を脱構築と呼んだ。

どんなに無意味な分け方なのかが描かれている。

たとえば、最初に、ホテルのバーでカメラマンが周囲にいるルワンダ人に「あなたはツチ、それともフツ」とたずねるシーンがあるね。ところが、予想に反して、誰がフツで誰がツチか実はまったくわからないんだ。

実際、ツチの殺害をそそのかすラジオ放送*は、しばらくすると、ツチを虐殺するだけじゃなくて、裏切り者のフツの虐殺もそそのかすようになっていく。つまり、この事実は、結局、人種の区分などというものは、実体がなかったということ、つまり、人種が重要なのではなくて、ようするに民兵に反対する者はすべて敵だということを言外に認めてしまっているんだよ。人種はたんなる権力闘争を合理化する道具に過ぎなかったんだね。

つまり民族やエスニックや人種は、争いごとに人びとを動員するために、もっとも魅力的なフェロモンだということがはっきりしてきたわけだ。そして、本当の対立や争いごとの原因は、その背後に隠されている。それは、あ

ツチの殺害をそそのかすラジオ放送
「千の丘ラジオ」(RTLM)というプロパガンダ放送局。

るときは、性格のゆがんだ独裁者の醜い野心かもしれない。たとえば、ヒットラーの抱いた野望のように。またある時には、まったく逆に、一般の人びとにはわかりづらい、もっと複雑で構造的な問題なのかもしれない。

ヒットラー*のナチスがドイツで政権をとるとき、ナチスはラジオや映画なんかの新しいマスメディアを使って、とても魅力的な宣伝をしたって聞いたよ。ゲッベルス*という宣伝の天才がいて、一般民衆をとてもいい気分にさせて、ナチスの政策がすばらしいって思わせた。映画を観ていると、ルワンダの場合にも、ラジオが虐殺をそそのかす宣伝をしていた。でも、虐殺を実行した民兵たちは、ヒットラーの命令でユダヤ人をガス室で大量殺人したドイツ人とは、すこし違っていたように思うな。ドイツ人の場合、命令に忠実なサラリーマンというか、まじめな兵隊たちが良心を麻痺させたために、虐殺に手を貸してしまうという感じだと思う。でも、ルワンダの場合は、ナチスのような命令系統が

*アドルフ・ヒットラー
(Adolf Hitler)
一八八九〜一九四五年。ドイツの政治家で、国家社会主義党(ナチス)党首、独裁者。第二次世界大戦をはじめた。

*ヨーゼフ・ゲッベルス
(Joseph Goebbels)
一八九七〜一九四五年。ナチス下のドイツで国民啓蒙宣伝大臣を務め、プロパガンダの才能を発揮した。

きっちり決まっていない民兵が虐殺をしたから。ルワンダとドイツはやはりどこか違っていると思うな。

そうなんだ。ヒットラーのナチスとルワンダの決定的な違いは、虐殺に参加した人びとは、民兵といわれるものの、その大半は統率のとれていない普通の一般住民だったことなんだ。それに、ナチスのような近代的ガス室による組織だった大量虐殺ではなく、映画でも描かれていたように、日本円なら一丁数十円でも買えるような山刀やナタで一般の人びとが、直接、自分自身の手で虐殺していったことだ。

この虐殺を実際に見た人びとは、本当に悪夢だったと思う。映画のシーンだけでも十分なむごたらしさだった。しかし、映画を撮った監督は、このシーンですら、あくまで象徴的に暗示するだけにとどめたといっているんだ。だから、実際に現地で起こった虐殺は、想像に絶するものだっただろう。

それでは、どうして普通の人びとが虐殺に走ったのか。虐殺をそそのかしたラジオのせいだという人もいる。もちろん、それもあっただろう。しかし、火のないところに煙は立たないというだろ。

背後に、もっと何か深刻な原因がないところで、メディアだけの力では人びとをむごたらしい凶行に駆り立てることはできなかっただろうね。

それでは、その隠された深いレベルの原因とはなんだったのか。

それについて、ピューリッツァー賞*を受賞したアメリカの環境学者のジャレド・ダイアモンド*博士が、とても興味深い見解を明らかにしているんだ。博士が最近出版した『コラプス』（日本版題名『文明崩壊』）という本の中で、博士は専門家の論文を参考にしながらこう説明しているんだ。すこし長いけれど、その一部分を読んでみるからね。

「一九九四年の事件（虐殺のこと）は、フツ族の村民同士のあいだにさえ、積

ピュリッツァー賞
新聞経営者ピュリッツァーの遺志に基づき、ジャーナリズム、文学、音楽の優れた作品に対して年一回贈られる文化賞。

ジャレド・ダイアモンド
一九三七年〜、ボストン生まれ。カリフォルニア大学ロサンゼルス校医学部の生理学教授。ハーバード大学で生物学、ケンブリッジ大学で生理学の学位を取得。

年の恨みを晴らす、あるいは土地の所有地を再編成する特異な機会を与えた。人口の過剰分を一掃し、利用可能な土地資源と頭数の釣り合いを取るためには、戦争が必要なのだという主張を、ルワンダ人の口から聞かされることはめずらしくない」のだ。今では、人口圧力、人為的な環境侵害、そして干ばつを遠因と考えるようになった。これらは、人びとを長期的な絶望状態へと追いやり、火薬庫の中の火薬のように働く。そして、もうひとつの必要条件は、近因、つまり火薬に火をつけるマッチだ。ルワンダの大部分の地域では、そのマッチは、民族間の憎悪だった。しかし、それがなぜ、インゴと呼ばれる小さな家にくらすごく平凡な農民たちによって、あれほど徹底的に行なわれたのか。少なくとも、その理由の一部は、あまりに小さな土地に、あまりに多くの人間がいるという逼迫感、そして頭数を減らすことで、生き残った者にはもっと多くが行き渡るという願望にある。

なぜ博士がこのような結論を考えるにいたったのかについては、ここで話すと、ものすごい時間がかかるから省くけれど、博士は、ルワンダの人口密度がアフリカでもっとも高いレベルに達していたことに注目していた。そして、虐殺が始まる以前に、すでに、多くの農民がもつ平均的な土地では、家族を養うだけの農作物を作るには狭すぎたこと。そのため、小さな村の中で暮らす親族の間で、農地の相続や所有を巡って紛争や土地争いがたくさん起こっていたこと。さらに、虐殺が始まったとき、虐殺の中で殺された人びとが決してツチだけではなく、土地争いの当事者たちの間で、多くの虐殺事件が起こったことなどの事実を丁寧に検証してこの結論を導いたんだ。

つまり、家族が食べていくにはあまりに少ない農地しかもっていない農民たちは、機会さえあれば、誰かの土地を自分のものにして、農地を広げたいと思っていた。そして、土地をめぐる相続争いや土地の所有権をめぐる争いのために人びとはいらだち、チャンスさえあれば、相手をやっつけてやりたいと思うようになっていた。もちろん普段の農民は、そんな恐ろしいことなんかできない人たちだ。でも、心の奥底では、そのチャンスを無意識に待っていたのかもしれない。こういう状態が村の中に広がっていたとき、民族間の憎しみに火がついた。人びとは、結果的に、無意識にこのチャンスを利用して虐殺にくわわり、村人の頭数をへらして、土地の持ち分を増やそうとしたんだ。

人口問題、環境破壊、農地の減少といった構造的な問題が、虐殺の深いレベルの原因になったと博士は指摘しているんだね。

もちろん、だからといって、人口問題を抱えた国ではかならず虐殺事件が起きるというような単純な運命論を博士はいっているのではないよ。博士がいいたいのは、構造的な原因を見過ごしにすることで、人間は、手近で人の目をひきそうな原因だけがあたかも重大な問題の原因だと思いこんでしまうことに警告を発しているんだと思う。

一般的に、民族問題や人種問題は、人目に付きやすい、いわば誰もが納得しやすい問題だ。だから、すべての争いや対立の背後には、人種問題や民族問題があるといえばわかりやすいし、政治家たちは、そういった単純化をわざとすることで、深い問題から人びとの目をそらさせようとしたり、自分の政敵を攻撃する手段に使ったりすることもある。だから、私たち人間は、そういう単純な問題のすり替えに騙されないようにしないといけないんだ。私たち人間は、博士が指摘するように、問題の原因と根本をより深いレベルで考えようとする姿勢をもっていなければならないんだね。

この映画の主人公のホテルマンは、そういう意味では、問題を深くとらえていたとはいえないのかもしれない。しかし、このホテルマンは、すくなくとも、他民族にすべての問題の原因を押しつけて、それさえやっつければみんな問題が解決できると考える、フツの民兵のような態度と考え方は絶対にとらなかったんだ。

虐殺事件が起こるような異常な状態の中にあって、たったそれだけの冷静さを保つことも、実は、人間にとって本当に難しいことかもしれない。ひとりの人間の力は弱いからね。しかし、この主人公のような勇気が無意味だとは決していえないとお父さんは思う。このような勇気があったからこそ、事実を正確に見届ける人たちが生き残ることができたんだからね。そして、その証言をもとにして、問題の背後にある深いレベルの原因に考えを巡らせることができたのだからね。

エピローグ
連続七夜の映画を観おわって思ったこと、あるいは、大人になることについて

一週間という時間は長いんだろうか、短いんだろうか。時間の長さって、不思議。退屈な授業時間なんか、終了ベルの鳴る最後の五分間が永遠のように感じるときがあるけれど、その時間のことを後で振り返ってみると、ほとんどなんの印象も残ってないうつろな時間感覚しかない。その反対で、楽しかったカリフォルニアの金さんちへの旅行の時なんか、毎日があっという間に過ぎてしまって、とても短い時間だとそのときは思ったけれど、後になって振り返ると、印象に残る経験をいっぱいした充実感にあふれてる。時間って不思議。

この七日間の経験をナニはあとでどう振り返るんだろうか。おとうさんと観

た映画をぜんぶ理解できたとは思えない。難しいものもたくさんあった。でも、なかには、とても興味深かったり、ナニなりに理解できたと思うものもすくなくなかった。

この一週間の間に、ナニの心にははっきりとした変化が起こったと思うの。まず、世界の民族が直面する問題について考えるようになった。映画の見方もすこしかしこくなったかな。以前は、ただ物語の筋を追いかけて面白いとかつまらないとかいってたけれど、映像の裏にある歴史とか、映像表現がもつ隠された意味についても、すこし気がつくようになったかな。これって、すこし大人になるってことなんだ。

そして、お医者さんは、明日から、松葉杖をついて歩いてもいいっていってくれた。明日から、ちょっと不自由だけれど気にしないで外に出かけよう。会いたい人と会い、いきたいところにどんどんでかけちゃうぞ。

あとがき

今から二〇年前、わたしは初めて本を出版しました。『アロハスピリット――複合文化社会は可能か』（筑摩書房）というタイトルの本です。一九八〇年代のはじめ、わたしは、ソーシャルワーカーとして、ホノルルの下町でアジアや太平洋諸島出身の移民や難民の人びとに接する仕事にたずさわりました。わたしは、その経験をもとに、多民族で多文化な社会の中で、人びとが何を考え、どんな希望をもち、どのように暮らしをたてているか、見たり感じたり考えたことを本に書きました。それぞれに違ったライフスタイルや文化、価値観を持った人びとが仲良く暮らしていくことがどうすれば可能か問うてみたかったのです。

それから、二〇年がたちました。わたしは、その後もハワイをフィールドにして、多民族や多文化な人びとがともに暮らすことによって生じるさまざまな現象や問題について研究を続けています。残念ながら、最初に立てた問いにまだわたしは答えを見つけていません。しかし、この二〇年間に研究したことや考えたことをとおして、わたしは、民族、エスニック集団、多文化社会などの概念やそれらを取り巻く問題をきちんと整理し、若い人びとに引き継ぎたいと考えるようになりました。今日の世界の民族が直面するさまざまな課題を若い人びとに真剣に考えてもらいたい。そして、その手助けをすることができればうれしいと考えたのです。

そう考えたのには、個人的な理由もありました。

この二〇年の間に、ひとりの息子とひとりの娘の父親になりました。日本で生まれた息子はすでに成人し、ハワイで生まれた娘は、中学時代からハワイに留学し、一八歳になった今、現地のハイスクールを卒業しようとしています。アメリカでは、一八歳になると投票権が与えられ、一人前の大人として政治に参加することが認められます。これまでわたしは、親の責任として、子どもたちに指図したり、行動を制約したりしてきました。わたし自身は、かれらのためと思ってしたことですが、かれらからみれば、意に反して親の意見に従わなければならないこともたくさんあったことでしょう。しかし、これからは、ひとりの大人として自分の頭で考え、行動することが認められるのです。そんな子どもたちの成長をわたしは喜んでいます。だからこそ、この時期に際して、わたしはこれまで自分が研究してきたテーマについて、自分が得た知識や考えをかれらに伝えておきたいと思うようになりました。これは、いってみれば、わたしが子どもたちに与える最後の「お説教」でもあり、子別れの儀礼でもあります。大人になったかれらは、親の意見や願望とは関わりなく、自由に学び、批判し、行動することができるのですから。

そんな個人的な動機もともなって、わたしはこの本を書き始めました。ただ、その際、わたしは自分の子どもではなく、ナニという架空の女性を、また、その周辺にも何人かの架空の人びとを登場させました。それは、これら架空の人びとに感情移入してもらうことで、日本の普通の若い人びとにとって馴染みがうすく、想像もしにくい出来事や事柄をできるだけ身近に感じていただきたいと思ったからでもあります。ですから、この物語に登場する人びとは、あくまで架空の人物であり、実在の人物ではないことをお断りしておきます。この試みがうまく効果をあげたかどうかは、みなさんの評価を待たねばなりません。

とりあげた映画はレンタルビデオ店で借りたり、インターネットなどで購入できたりするものです。ぜひ実際に鑑賞されることをおすすめします。そうすれば、とりあげたテーマをもっと深く理解することができるでしょう。

最後に、ひとつ付け加えたいことがあります。実際の民族問題の解決には、多くの国際機関やNGO（非政府組織）、NPO（非営利組織）が世界の各地でさまざまな活動をしています。今回とりあげた、旧ユーゴスラビア紛争やルワンダの平和維持活動でもそれがいえます。また、アメリカや日本などの先進国でも、多文化な街作りやマイノリティの人権をまもるために、多くの民間団体や公的機関が活動しています。残念ながら、紙数の関係で、本書では、それらの活動に十分な解説や説明をくわえる余裕がありませんでした。それらについては、参考文献に解説書を加えましたので、ぜひ勉強してください。そして、あなたがそのような活動に関心をもってくださることを希望します。

この物語を描くにあたって、多くの資料や専門家の意見を参考にしました。最後に、その主要な参考文献のリストを挙げておきますので、より深い勉強の参考にしてください。

なお、この本の各章の扉に添えられている挿絵は、娘の山中ナタリー七海《ナミ》が描きました。

また、本書の出版に際して、現代企画室の太田昌国さんは、わたしのつたない企画に具体的な形を与えてくださり、同じく編集者の小倉裕介さんは、とても丁寧な編集作業をしてくださいました。この場を借りて感謝を申し上げます。

二〇〇七年四月

山中速人

参考文献

伊藤芳明『ボスニアで起きたこと――「民族浄化」の現場から』岩波書店、一九九六年
エドゥアルド・ガレアーノ（大久保光夫訳）『収奪された大地――ラテンアメリカ五〇〇年』藤原書店、一九九七年

岸上伸啓『イヌイット――「極北の狩猟民」のいま』中公新書、二〇〇五年
マーティン・ルーサー・キング、（クレイボーン・カーソン編、梶原寿訳）『マーティン・ルーサー・キング自伝』日本基督教団出版局、二〇〇二年
エルネスト・チェ・ゲバラ（棚橋加奈江訳）『チェ・ゲバラ　モーターサイクル南米旅行日記』現代企画室、二〇〇四年
ファン・ゴイティソーロ（山道佳子訳）『サラエヴォ・ノート』みすず書房、一九九三年
フィリップ・ゴーレイヴィッチ（柳下毅一郎訳）『ジェノサイドの丘――ルワンダ虐殺の隠された真実』（上・下巻）WAVE出版、二〇〇三年
カトリーヌ・サマリ（神野明訳）『ユーゴの解体を解く』柘植書房、一九九四年
G・C・スピヴァク（上村忠男訳）『サバルタンは語ることができるか』みすず書房、一九九八年
ジャレド・ダイアモンド（楡井浩一訳）『文明崩壊』（上・下）草思社、二〇〇五年
高木徹『ドキュメント・戦争広告代理店』講談社、二〇〇二年
田中宏『在日外国人』岩波新書、一九九五年
多文化共生キーワード事典編集委員会編『多文化共生キーワード事典』明石書店、二〇〇四年
富田虎男、スチュアート・ヘンリ（綾部恒雄編）『講座世界の先住民族ファーストピープルズの現在七　北米』明石書店、二〇〇五年

日本国際ボランティアセンター『ＮＧＯの時代――平和・共生・自立』めこん、二〇〇〇年
バチェラー八重子『若きウタリに』岩波現代文庫、二〇〇三年
マーシャル・フレイディ（福田敬子訳）『マーティン・ルーサー・キング』岩波書店、二〇〇四年
ジェイムズ・ホール（高階秀爾監修、高橋達史、高橋裕子、太田泰人、西野嘉章、沼辺信一訳）『西洋美術解読事典――絵画・彫刻における主題と象徴』河出書房新社、二〇〇四年
本田創造『アメリカ黒人の歴史・新版』岩波新書、一九九一年
増田義郎『物語ラテン・アメリカの歴史――未来の大陸』中公新書、一九九八年
真鍋周三『ボリビアを知るための六八章』明石書店、二〇〇六年
ジャッキー・マムー（山本淑子訳）『子どもたちと話す　人道援助ってなに？』現代企画室、二〇〇三年
山中速人『ハワイ』岩波新書、一九九三年
山中速人『ヨーロッパからみた太平洋』（世界史リブレット六四）山川出版社、二〇〇四年
油井大三郎、遠藤泰生編『多文化主義のアメリカ』東京大学出版会、二〇〇〇年
弓削尚子『啓蒙の世紀と文明観』（世界史リブレット八八）山川出版社、二〇〇四年

著者
山中速人（やまなか はやと）
1953年兵庫県生まれ。関西学院大学総合政策学部メディア情報学科教授、社会学博士、MSW
関西学院大学社会学部卒業後、同大学大学院を経て、合衆国イーストウエストセンター奨学生としてハワイ大学大学院スクール・オブ・ソーシャルワーク修士課程修了。イーストウエストセンター・コミュニケーション研究所助手、文部省放送教育開発センター（現メディア教育開発センター）助教授、東京経済大学コミュニケーション学部教授、中央大学文学部教授を経て、現職。主な著書に、『ハワイ』岩波新書、『イメージの＜楽園＞　観光ハワイの文化史』ちくまライブラリー、『ビデオで社会学しませんか』有斐閣、世界史リブレット『ヨーロッパからみた太平洋』山川書店、ほか多数。

娘と映画をみて話す　民族問題ってなに？
発行　2007年6月1日　初版第一刷
2008年3月15日 初版第二刷　1000部
定価　1300円＋税
著者　山中速人
編集　小倉裕介
装丁　泉沢儒花（Bit Rabbit）
発行者 北川フラム
発行所 現代企画室
150-0031東京都渋谷区桜丘町15-8-204
TEL03-3461-5082　FAX03-3461-5083
E-mail gendai@jca.apc.org
URL http://www.jca.apc.org/gendai/
振替　00120-1-116017
印刷・製本　中央精版印刷株式会社
ISBN978-4-7738-0705-9 Y1300E